Success15 fifteen

http://success.waseda-ac.net/

9

サクセス15
September 2018

CONTENTS

表紙：神奈川県立川和高等学校

論理的、主体的に考える
学年横断型の一中一高ゼミは、
自分の考えを表現する機会となっています。

好きな授業は英語と世界史です。言語を学ぶ中で、社会的な背景や慣習を知り、それが世界史にもつながっていることから興味を持ちました。世界史の先生は、授業では幅広い視点から流れをわかりやすく説明してくれて、教科書に書かれていない深い教養も持っているので、とても尊敬しています。先生の影響で、社会で起きている論争について自分の意見を持つことを心掛けるようになりました。

農大一高で行っている合同ゼミもその一つです。合同ゼミでは、学年をまたいで生徒が集まり講義を受け、ディスカッションやプレゼンを通して、お互いの考えを深めます。先日は、憲法についての課題図書から要約を持ち寄り話し合いました。授業よりもさらに専門性を掘り下げることができ、興味を持った分野を主体的に学べる環境が農大一高にはあると思います。

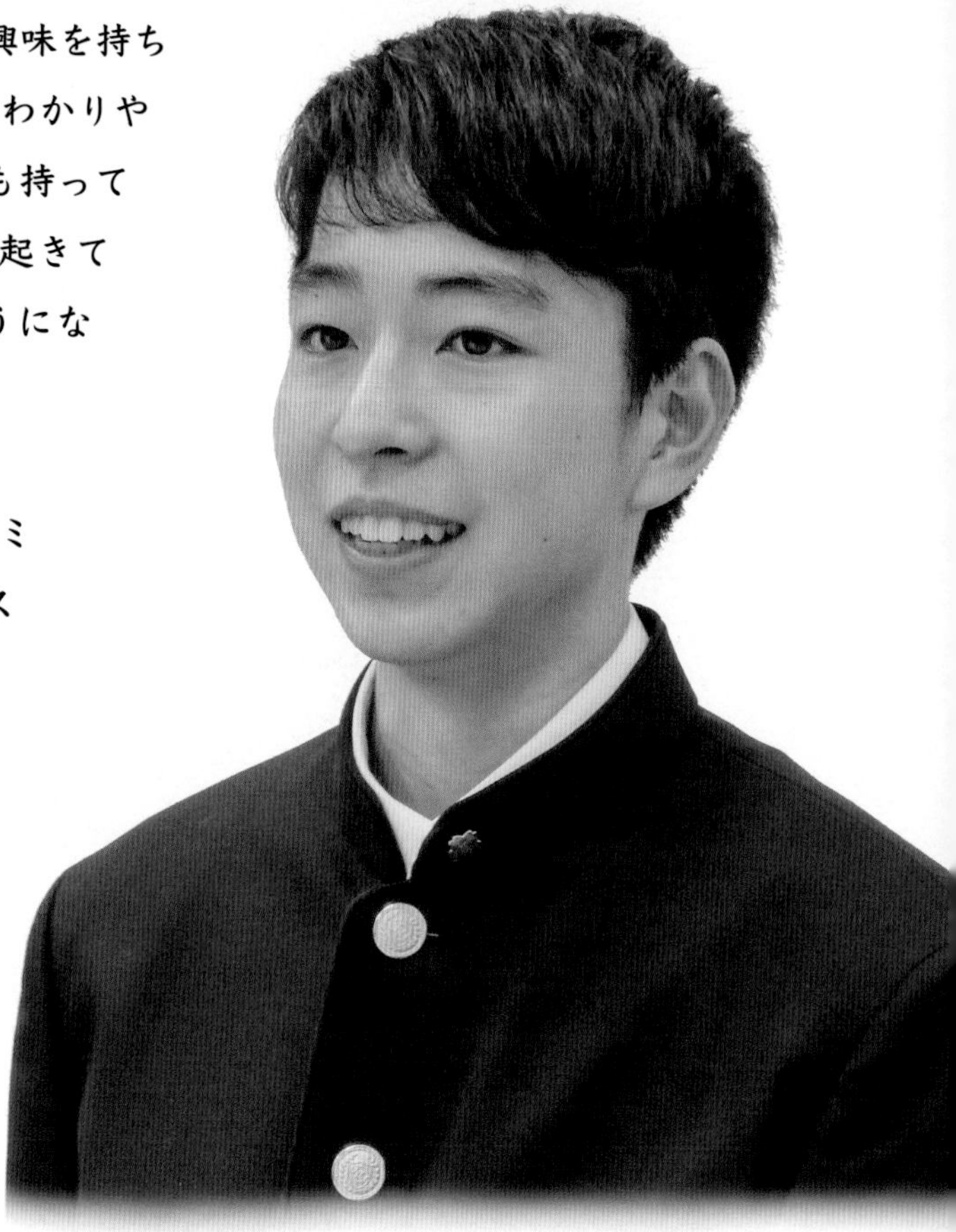

学校説明会（予約制） 場所：東京農業大学 百周年記念講堂

本校ホームページより予約申込をお願いします

9/2 (日) 14:00～ **10/28** (日) 14:00～ **11/25** (日) 10:00～

桜花祭（予約不要） 入試コーナー開設

9/29 (土) 10:00～ **9/30** (日) 10:00～

東京農業大学第一高等学校

〒156-0053 東京都世田谷区桜3丁目33番1号
TEL：03(3425)4481（代） FAX：03(3420)7199
http://www.nodai-1-h.ed.jp

農大一高

歴史の流れが一目でわかる

重要年号まるっとチェック

歴史を勉強するうえで大切なのは、歴史の流れをつかむことです。そのために必要なことの1つが、それぞれの出来事が起こった「年号」を押さえること。今回の特集はその「年号」に着目して、中学生のみなさんに覚えておいてほしい重要年号を58個ピックアップしました。覚え忘れがないかチェックできる穴埋め方式にしているので、ぜひチャレンジしてみてください。中1、中2のみなさんには少し難しいかもしれませんが、出来事の内容を読み進めていくだけでも、歴史の流れをつかむのに役立つはずです。穴埋めチェックのあとには歴史年表も載せていますので、あわせて読んでみてください。

中学歴史 重要年号 穴埋めチェック

中学の社会科で学習する範囲で、「これだけは覚えておきたい！」という、重要度の高い歴史の年号58個を一覧にまとめました。穴埋め式になっているので、どれくらい覚えられているかどうかチェックしてみてください。

スタートから矢印に沿って、1～58まで、歴史的な出来事が年代順に並んでいます。
空欄に入る年号を答えてください（答えは12ページ）

START

1 □□ 年

奴国《なこく》が後漢《ごかん》に使いを送り金印《きんいん》を授かる

倭《わ》（古代の中国での日本の呼び名）の**奴国**の王が、**後漢**に使いを送り、**光武帝《こうぶてい》**から**金印**を授かった。

2 □□□ 年

卑弥呼《ひみこ》が魏《ぎ》に使いを送る

邪馬台国《やまたいこく》の女王**卑弥呼**が中国の**魏**に使いを送り、「親魏倭王」の称号とともに銅鏡などを授かった。

3 □□□ 年

仏教伝来

朝鮮半島の**百済《くだら》**は倭との関係が深く、色々な文化や技術が伝えられた。なかでも仏教の伝来は重要。

4 □□□ 年

聖徳太子《しょうとくたいし》が摂政《せっしょう》となる

蘇我馬子《そがのうまこ》とともに天皇中心の国家を作ろうとした聖徳太子。**推古《すいこ》天皇**の**摂政**となり、**冠位十二階《かんいじゅうにかい》**、**十七条の憲法**などを定めた。

5 □□□ 年

大化《たいか》の改新《かいしん》

聖徳太子の死後、朝廷の権力を独占した**蘇我《そが》氏**を、**中《なか》大兄皇子《のおおえのおうじ》**と**中臣鎌足《なかとみのかまたり》**が倒して始めた政治改革。

6 □□□ 年

大宝律令《たいほうりつりょう》の制定

藤原不比等《ふじわらのふひと》らにより**唐《とう》**の法律にならって作られた法律。律は刑罰、令は政治を行う際のきまりごとを意味する。

7 □□□ 年

平城京遷都《へいじょうきょうせんと》

唐の**長安《ちょうあん》**をモデルとして、奈良盆地北部に新たに作られた都。平城京に都がおかれていた約80年間が**奈良時代**だ。

8 □□□ 年

墾田永年私財法《こんでんえいねんしざいのほう》

朝廷により出された、開墾した土地の永久私有を認めた法。これにより、それまでの**公地公民制《こうちこうみんせい》**が崩れ始める。

9 □□□ 年

平安京《へいあんきょう》遷都

現在の京都に作られた都。平城京と同様、唐の長安がモデル。その後明治時代に東京に都が移るまで、日本の都は京都だった。

10 □□□ 年

遣唐使《けんとうし》廃止

菅原道真《すがわらのみちざね》の進言により、唐の国力の衰えなどを理由として、朝廷による遣唐使の派遣を停止した。

11 □□□□ 年

藤原道長《ふじわらのみちなが》が摂政となる

摂政、**関白《かんぱく》**として天皇を補佐し権力を握った藤原氏の**摂関政治《せっかんせいじ》**は、**藤原道長・頼《より》道《みち》**父子の時代に全盛期を迎えた。

12 □□□□ 年

院政《いんせい》開始

院政とは、天皇が位を譲ったあとも**上皇《じょうこう》**や**法皇《ほうおう》**として政治を行うこと。藤原氏をおさえるために**白河《しらかわ》天皇**が始めた。

13 □□□□ 年

壇《だん》ノ浦《うら》の戦い

武士の中央進出が活発になり、なかでも**平氏《へいし》**は栄華を極める。しかし、反感を持った**源氏《げんじ》**と戦になり、壇ノ浦で滅ぼされた。

歴史の流れが一目でわかる

重要年号まるっとチェック

14 □□□□年
源《みなもとの》頼《より》朝《とも》が征《せい》夷《い》大将軍《たいしょうぐん》となる

平氏を滅ぼした源頼朝は、征夷大将軍に任命され、名実ともに**鎌倉幕府**が確立。武家政権のもとを築いた。

15 □□□□年
承久《じょうきゅう》の乱

源氏の将軍が3代で絶えたため、**後鳥羽上皇《ごとばじょうこう》**が朝廷に権力を取り戻そうと挙兵した事件。上皇は敗れ幕府の力がさらに強まった。

16 □□□□年
御成敗式目《ごせいばいしきもく》制定

執権《しっけん》・北条泰時《ほうじょうやすとき》が定めた法令。源頼朝以来のしきたりをまとめた武士のための法律で、のちの武家法の基準となる。

17 □□□□年
文永《ぶんえい》の役《えき》

モンゴル帝国の**フビライ=ハン**が日本を襲来。その後の1281年の**弘安《こうあん》の役**と合わせて**元寇《げんこう》**と呼ぶ。

18 □□□□年
永仁《えいにん》の徳政令《とくせいれい》

元寇の出費などにより生活に苦しむ**御家人《ごけにん》**を救うために幕府が出した法令。効果はあまりなく、社会の混乱を招いた。

19 □□□□年
鎌倉幕府《かまくらばくふ》が滅びる

後醍醐《ごだいご》天皇の呼びかけにより、**楠木正成《くすのきまさしげ》**、**足利尊氏《あしかがたかうじ》**、**新田義貞《にったよしさだ》**ら御家人たちが挙兵し、鎌倉幕府は滅亡した。

20 □□□□年
建武《けんむ》の新政《しんせい》開始

鎌倉幕府を倒した後醍醐天皇が実施した政治。公家中心の政治であったため、武家の不満を募らせた。

21 □□□□年
足利尊氏《あしかがたかうじ》が征夷大将軍となる

建武の新政に不満をもった足利尊氏は挙兵し、**光明《こうみょう》天皇**を立て征夷大将軍となった。後醍醐天皇は吉野へ。**南北朝《なんぼくちょう》時代**となる。

22 □□□□年
南北朝《なんぼくちょう》統一

足利義満《あしかがよしみつ》の呼びかけで、吉野の**南朝《なんちょう》**の天皇が京都の**北《ほく》朝《ちょう》**の天皇に譲位し、約60年にわたった南北朝の動乱が終結した。

23 □□□□年
応仁《おうにん》の乱

有力**守護大名《しゅごだいみょう》**の対立に幕府の将軍家の相続争いがからんで起こった戦乱。京都を中心に11年間続き、戦国時代の幕開けとなった。

24 □□□□年
鉄砲《てっぽう》伝来

種子島《たねがしま》に漂着した**ポルトガル人**によって伝えられた**鉄砲**は、戦国大名に広まり、戦法などに大きな変化をもたらした。

25 □□□□年
キリスト教伝来

鹿児島に上陸したスペイン人**宣教師・フランシスコ=ザビエル**によって**キリスト教**が日本に初めて伝えられた。

26 □□□□年
本能寺《ほんのうじ》の変

天下統一をめざした戦国大名の**織田信長《おだのぶなが》**が、京都の**本《ほん》能寺《のうじ》**で家臣の**明智光秀《あけちみつひで》**の裏切りにあい、自害へ追い込まれた事件。

27 □□□□年
豊臣秀吉《とよとみひでよし》が天下統一

織田信長に仕えていた**豊臣秀吉**が、信長の死後その意志を継ぎ、**北条氏**を倒して全国統一を成し遂げた。

28 □□□□年
関《せき》ヶ《が》原《はら》の戦い

徳川家康《とくがわいえやす》を中心とする**東軍**と**石田三成《いしだみつなり》**を中心とする**西軍**の戦い。東軍が勝利し、家康は全国支配の実権を握った。

29 □□□□年

徳川家康《とくがわいえやす》が征夷大将軍となる

関ヶ原の戦いに勝利した家康は政治の権力を握り、征夷大将軍となり江戸に幕府を開いた。約260年続く**江戸時代**が始まった。

30 □□□□年

ポルトガル船来航禁止へ

島原《しまばら》・天草一揆《あまくさいっき》を経て、キリスト教の影響を恐れた幕府がポルトガル船の来航を禁止。1641年には**オランダ商館**を**出島《でじま》**に移し**鎖国《さこく》**が完成。

31 □□□□年

享保《きょうほう》の改革

8代将軍**徳川吉宗《とくがわよしむね》**が行った政治改革。**質素倹約《しっそけんやく》**、**新田開発《しんでんかいはつ》**、**上米《あげまい》の制**、**足高《たしだか》の制**、**目安箱《めやすばこ》**、**公事方御定書《くじかたおさだめがき》**などがキーワード。

32 □□□□年

寛政《かんせい》の改革

老中《ろうじゅう》・松平定信《まつだいらさだのぶ》が行った政治改革。**囲《かこ》い米《まい》**、**棄捐令《きえんれい》**、**寛政異学《かんせいいがく》の禁《きん》**などがキーワード。内容が厳しく失敗した。

33 □□□□年

異国船打払令《いこくせんうちはらいれい》

幕府が定めた、中国・オランダ以外の外国船を撃退することを命じた法令。

34 □□□□年

大塩平八郎《おおしおへいはちろう》の乱

元幕府の役人・**大塩平八郎**が、**天保《てんぽう》のききん**に苦しむ人々を救うために起こした反乱。すぐ鎮圧されたが幕府への衝撃は大きかった。

35 □□□□年

天保《てんぽう》の改革

老中**水野忠邦《みずのただくに》**が行った政治改革。**株仲間《かぶなかま》の解散**、**倹約《けんやく》令**、**人返《ひとがえ》し令《れい》**などがキーワード。**旗本《はたもと》・大名《だいみょう》**らの反発が大きく失敗した。

36 □□□□年

日米和親《にちべいわしん》条約

幕府とアメリカの**ペリー**の間で結ばれた条約。**下田《しもだ》・函《はこ》館《だて》の**開港などの内容が定められ、200年余りにわたる鎖国が終了した。

37 □□□□年

日米修好通商《にちべいしゅうこうつうしょう》条約

幕府とアメリカの間で結ばれた条約。日本の**関税自主権《かんぜいじしゅけん》**がなく、アメリカの**領事裁判《りょうじさいばん》権《けん》**を認める、不平等な内容の条約だった。

38 □□□□年

大政奉還《たいせいほうかん》

15代将軍**徳川慶喜《とくがわよしのぶ》**は、幕府が握っていた政権を朝廷に返上する**大政奉還**を申し出た。これにより武家政治は終わりとなった。

39 □□□□年

五箇条《ごかじょう》の御誓文《ごせいもん》

明治天皇が神に誓う形で出された新政府の政治の基本方針。天皇中心の国家をめざす新政府の姿勢を表す。

40 □□□□年

地租改正《ちそかいせい》

明治政府による税制改革。土地所有者に**地券《ちけん》**を発行し、地価の3%(のちに2.5%)を地租として所有者へ納める。税収入の安定が目的。

41 □□□□年

民撰議員設立《みんせんぎいんせつりつ》の建白書《けんぱくしょ》

板垣退助《いたがきたいすけ》、**後藤象二郎《ごとうしょうじろう》**、**副《そえ》島種臣《じまたねおみ》**、**江藤新平《えとうしんぺい》**らが**藩閥《はんばつ》政治**を批判し、国民の代表による議会の開設を求めた要求書。**自由民権運動《じゆうみんけんうんどう》**のきっかけ。

42 □□□□年

西南《せいなん》戦争

明治維新《めいじいしん》により特権を失った**士族《しぞく》**による反乱のなかで、最大で最後のもの。**西郷隆《さいごうたか》盛《もり》**を中心に鹿児島の士族が団結して起こした。

43 □□□□年

大日本帝国憲法《だいにほんていこくけんぽう》発布

伊藤博文《いとうひろぶみ》を中心に作成された憲法。天皇が主権者として国の**統治権《とうちけん》**や陸海軍の**統《とう》帥権《すいけん》**を持つなど、天皇に強い権限が与えられた。

44 □□□□年

第1回帝国《ていこく》議会《ぎかい》

この年、初の**衆議院《しゅうぎいん》議員総選挙**が行われ、第1回**帝国議会**が開かれた。当時の議会は**衆議院**と**貴族院《きぞくいん》**の**二院《にいん》制《せい》**だった。

45 □□□□年

日清《にっしん》戦争

同年に朝鮮で起こった**甲午《こうご》農民戦争《のうみんせんそう》**を発端に日本と中国の清の間に起きた戦争。日本は勝利し講和条約として**下関条約《しものせきじょうやく》**が結ばれた。

46 □□□□年

日英同盟《にちえいどうめい》締結

日本は朝鮮や**満州《まんしゅう》**をめぐって、イギリスは東アジアをめぐってロシアと対立していた。利害の一致から両国間で同盟が結ばれた。

47 □□□□年

日露《にちろ》戦争

ロシアとの対立が極まり戦争へ発展。日本が優位だったが、両国とも戦争の継続が厳しくなりアメリカの仲介で**ポーツマス条約《じょうやく》**を締結。

48 □□□□年

韓国併合

初代**韓国統監《かんこくとうかん》・伊藤博文**が韓国の活動家に暗殺された事件を切り口に、日本は韓国を併合。植民地として35年間支配した。

49 □□□□年

第一次世界大戦《だいいちじせかいたいせん》

サラエボ事件をきっかけに、**同盟国《どうめいこく》**と**連合国《れんごうこく》**が対立した戦争。飛行機、戦車、潜水艦、化学兵器など新兵器が登場した。

50 □□□□年

米騒動《こめそうどう》

商人による**シベリア出兵**を見越したコメの買い占めに反発した民衆が起こした暴動。全国に広まり、内閣総辞職を招いた。

51 □□□□年

普通選挙法《ふつうせんきょほう》制定

納税額を問わず25歳以上の男子全員に選挙権を与える法律。これにより有権者数は4倍に増えるが、女性の選挙権はまだなかった。

52 □□□□年

二・二六事件

2月26日、**陸軍青年将校《りくぐんせいねんしょうこう》**らが首相官邸などを襲撃し要人を暗殺した事件。鎮圧されたがこれ以降軍部の政治的発言力が強まった。

53 □□□□年

日中《にっちゅう》戦争

盧溝橋《ろこうきょう》事件をきっかけに開戦した日本と中国との戦争。戦争は長引き、翌年には**国《こっ》家総動員法《かそうどういんほう》**が制定された。

54 □□□□年

第二次世界大戦《だいにじせかいたいせん》

ドイツ、イタリア、日本を中心とする**枢軸国《すうじくこく》**と、イギリス、フランスなどを中心とする**連合国《れんごうこく》**との戦争。1945年に連合国側が勝利。

55 □□□□年

太平洋《たいへいよう》戦争

日本軍の**真珠湾《しんじゅわん》攻撃**と**マレー半島上陸**により開始した連合国との戦争。1945年8月14日、日本は**ポツダム宣言**を受諾して降伏した。

56 □□□□年

日本国憲法《にほんこくけんぽう》の公布

天皇主権の大日本帝国憲法に代わって公布された憲法。**平和主義、基本的人権の尊重、国民主権**を三原則とする。

57 □□□□年

阪神《はんしん》・淡路《あわじ》大震災《だいしんさい》

淡路島北部を震源とする大規模地震災害。兵庫県を中心に大阪府や京都府など近畿地方の広域に大きな被害を出した。

58 □□□□年

東日本《ひがしにほん》大震災

三陸沖を震源とする大規模地震とそれに伴う津波による災害。岩手県、宮城県、福島県などの沿岸部は壊滅的な被害を受けた。

区分	年代	出来事
江戸	1840	中国でアヘン戦争
	1841	天保の改革（水野忠邦、～1843）
	1842	異国船打払令の廃止 南京条約
	1851	中国で太平天国の乱
	1853	ペリーが浦賀に来航 クリミア戦争
	1854	日米和親条約
	1857	インド大反乱
	1858	日米修好通商条約 安政の大獄
	1860	桜田門外の変
	1861	アメリカ南北戦争
	1863	薩英戦争 アメリカで奴隷解放宣言
	1864	四国艦隊下関砲撃事件
	1866	薩長同盟の成立
明治	1867	大政奉還
	1868	戊辰戦争 五箇条の御誓文
	1869	版籍奉還
	1871	ドイツ帝国が成立 廃藩置県
	1872	学制公布 富岡製糸場の開業
	1873	徴兵令 地租改正
	1874	民撰議員設立の建白書
	1875	樺太・千島交換条約
	1876	日朝修好条規締結
	1877	西南戦争
	1880	国会期成同盟結成
	1881	国会開設の勅諭 自由党結成
	1882	ドイツ、オーストリア、イタリアの三国同盟
	1885	内閣制度創設
	1889	大日本帝国憲法発布
	1890	教育勅語発布 第１回帝国議会が開かれる
	1894	領事裁判権の撤廃に成功（条約改正） 日清戦争

区分	年代	出来事
明治	1895	下関条約締結 三国干渉
	1899	中国で義和団事件
	1901	八幡製鉄所操業開始
	1902	日英同盟締結
	1904	日露戦争
	1905	ポーツマス条約締結
	1907	イギリス、フランス、ロシアの三国協商
	1910	大逆事件 韓国併合
	1911	関税自主権の回復に成功 中国で辛亥革命
大正	1912	第一次護憲運動 中華民国成立
	1914	第一次世界大戦
	1915	中国に二十一か条の要求を出す
	1917	ロシア革命
	1918	米騒動 原敬の本格的政党内閣成立
	1919	朝鮮で三・一独立運動 ベルサイユ条約締結
	1920	国際連盟発足
	1921	ワシントン会議開始
	1922	全国水平社結成 ソビエト社会主義共和国連邦成立
	1923	関東大震災
	1924	第二次護憲運動
	1925	治安維持法制定 普通選挙法制定 ラジオ放送開始
昭和	1929	世界恐慌
	1930	ロンドン海軍軍縮会議
	1931	満州事変
	1932	満州国建国 五・一五事件
	1933	ドイツでナチス政権発足 アメリカでニューディール政策開始 日本が国際連盟を脱退
	1936	二・二六事件
	1937	日中戦争
	1938	国家総動員法制定
	1939	第二次世界大戦

区分	年代	出来事
昭和	1940	日独伊三国同盟 大政翼賛会結成
	1941	日ソ中立条約 太平洋戦争
	1944	本土空襲が本格化
	1945	ポツダム宣言受諾 国際連合発足 GHQ が農地改革の指令（1946、実施） 女性の参政権実現
	1946	日本国憲法の公布
	1947	教育基本法の公布
	1949	北大西洋条約機構（NATO）ができる 中華人民共和国成立
	1950	朝鮮戦争
	1951	サンフランシスコ平和条約締結 日米安全保障条約締結
	1953	テレビ放送開始
	1954	自衛隊発足
	1955	アジア・アフリカ会議開催 ワルシャワ条約機構の成立
	1956	日ソ共同宣言に調印
	1960	日米新安全保障条約に調印
	1963	部分的核実験禁止条約締結
	1964	オリンピック東京大会開催
	1965	ベトナム戦争激化 日韓基本条約締結
	1967	公害対策基本法制定
	1968	核拡散防止条約締結
	1972	沖縄が日本に復帰 日中共同声明発表、中国と国交回復
	1973	石油危機が起こる
	1978	日中平和友好条約締結
	1980	イラン・イラク戦争が起こる
平成	1990	東西ドイツ統一
	1991	ソビエト連邦解体
	1993	ヨーロッパ連合（EU）発足
	1995	阪神・淡路大震災が起こる
	2001	アメリカで同時多発テロ
	2002	日朝首脳会談
	2004	自衛隊がイラクに派遣される
	2008	世界金融危機
	2011	東日本大震災

P8～11「中学歴史 重要年号 穴埋めチェック」の答え

1	57年	10	894年	19	1333年	28	1600年	37	1858年	46	1902年	55	1941年
2	239年	11	1016年	20	1334年	29	1603年	38	1867年	47	1904年	56	1946年
3	538年	12	1086年	21	1338年	30	1639年	39	1868年	48	1910年	57	1995年
4	593年	13	1185年	22	1392年	31	1716年	40	1873年	49	1914年	58	2011年
5	645年	14	1192年	23	1467年	32	1787年	41	1874年	50	1918年		
6	701年	15	1221年	24	1543年	33	1825年	42	1877年	51	1925年		
7	710年	16	1232年	25	1549年	34	1837年	43	1889年	52	1936年		
8	743年	17	1274年	26	1582年	35	1841年	44	1890年	53	1937年		
9	794年	18	1297年	27	1590年	36	1854年	45	1894年	54	1939年		

中学歴史年表

最後に、ここまで紹介してきた重要事項も含めて、さまざまな出来事を年表にしてまとめました。日本の出来事（黒字）に加えて、世界の出来事（青字）もしめしています。ので、あわせて歴史の流れをチェックしてみてください。

区分	年代	出来事
縄文	前3000	エジプト文明がおこる メソポタミア文明がおこる
	前2500	インダス文明がおこる
	前1600	中国文明（殷）の成立
	前8世紀	ギリシャにポリス建つ
	前6世紀	仏教の始まり 儒教の始まり
	前334	アレクサンドロス大王が東方遠征開始
弥生	前300ごろ	稲作が始まる （登呂遺跡、吉野ヶ里遺跡）
	前221	秦の始皇帝が中国を統一
	前202	漢（前漢）が中国を統一
	前27	ローマ帝国成立
	前4ごろ	イエス＝キリスト誕生
	25	後漢が中国を統一
	57	奴国が後漢に使いを送り金印を授かる
	239	卑弥呼が魏に使いを送る
古墳	375	ゲルマン人の大移動
	395	ローマ帝国が東西に分裂
	476	西ローマ帝国の滅亡
	478	倭王武が中国（南朝の宋）に使いを送る
	538	百済から仏教が伝来する
	589	隋が中国を統一
飛鳥	593	聖徳太子が摂政となる
	603	冠位十二階制定
	604	十七条の憲法制定
	607	遣隋使派遣（小野妹子） このころ法隆寺が建立される
	610ごろ	イスラム教の始まり
	618	唐が中国を統一
	630	第１回遣唐使派遣
	645	大化の改新が行われる
	663	白村江の戦い
	670	全国的な戸籍の作成
	672	壬申の乱
	676	新羅が朝鮮半島を統一
	701	大宝律令の制定
	708	和同開珎発行
奈良	710	平城京遷都
	712	『古事記』が完成
	720	『日本書紀』が完成
	723	三世一身の法
	743	墾田永年私財法
	752	東大寺の大仏が完成
	755	安史の乱
	784	長岡京遷都
平安	794	平安京遷都
	866	藤原良房が摂政となる
	870	フランク王国の分裂
	887	藤原基経が関白となる
	894	遣唐使廃止

区分	年代	出来事
平安	907	唐が滅亡
	935	平将門の乱
	936	高麗が朝鮮半島を統一
	939	藤原純友の乱
	960	宋（北宋）が建国
	962	神聖ローマ帝国の成立（～1806）
	1016	藤原道長が摂政となる
	1051	前九年の役
	1069	荘園整理令
	1083	後三年の役
	1086	院政開始
	1096	第１回十字軍派遣
	1156	保元の乱
	1159	平治の乱
	1167	平清盛が太政大臣となる
	1180	源頼朝が挙兵
鎌倉	1185	平氏滅亡（壇ノ浦の戦い） 守護・地頭を設置
	1189	源頼朝が奥州藤原氏を滅ぼす
	1192	源頼朝が征夷大将軍となる
	1203	東大寺南大門の金剛力士像が完成
	1206	チンギス＝ハンがモンゴル統一 （モンゴル帝国成立）
	1221	承久の乱
	1232	御成敗式目制定
	1260	フビライ＝ハン即位
	1271	フビライ＝ハンが国号を元とする
	1274	文永の役
	1281	弘安の役
	1297	永仁の徳政令
	1299	マルコ＝ポーロの『東方見聞録』
	14世紀	ルネサンスが始まる
	1333	鎌倉幕府が滅びる
	1334	建武の新政開始
南北朝	1336	南北朝の動乱開始
	1338	足利尊氏が征夷大将軍となる
	1368	明が建国
	1378	足利義満が室町に幕府を移す
	1392	朝鮮国が成立 南北朝統一
室町	1404	日明貿易（勘合貿易）始まる
	1428	正長の土一揆
	1429	琉球王国が成立
	1453	東ローマ帝国の滅亡
戦国	1467	応仁の乱
	1485	山城国一揆
	1488	加賀の一向一揆
	1492	コロンブスが大西洋を横断
	1498	バスコ＝ダ＝ガマがインドに到達
	1517	ルターの宗教改革始まる
	1519	マゼラン一行が世界周航出発
	1543	鉄砲が伝来

区分	年代	出来事
室町	1549	キリスト教が伝来
	1560	桶狭間の戦い
	1568	織田信長が京都に入る
戦国	1573	室町幕府が滅亡
	1575	長篠の戦い
	1576	織田信長が安土城を築く
	1577	織田信長が安土で楽市・楽座を始める
	1582	天正遣欧少年使節団の派遣 本能寺の変 太閤検地始まる
	1587	豊臣秀吉がバテレン追放令を出す
	1588	刀狩令 イギリスがスペインの無敵艦隊を破る
安土桃山	1590	豊臣秀吉が天下統一
	1592	文禄の役
	1597	慶長の役
	1600	関ヶ原の戦い 東インド会社の設立（イギリス）
	1602	東インド会社の設立（オランダ）
江戸	1603	徳川家康が征夷大将軍となる
	1612	幕府が最初のキリスト教禁止令出す
	1615	大阪夏の陣（豊臣氏滅びる） 最初の武家諸法度出される
	1635	日本人の海外渡航と帰国を禁止 参勤交代を制度化
	1637	島原・天草一揆
	1639	ポルトガル船来航禁止へ
	1641	オランダ商館を出島に移す（鎖国完成）
	1642	ピューリタン（清教徒）革命開始
	1643	田畑永代売買の禁令が出される
	1644	明滅亡、清の支配始まる
	1669	シャクシャインの戦い
	1685	生類憐みの令（～1709）
	1688	イギリスで名誉革命
	1689	イギリスで権利章典発布
	1709	正徳の治（新井白石、～1716）
	1716	享保の改革（徳川吉宗、～1745）
	1772	田沼意次が老中となる
	1774	『解体新書』出版
	1776	アメリカ独立宣言
	1782	天明のききん
	1787	寛政の改革（松平定信、～1793）
	1789	フランス革命
	1792	ラクスマンが根室に来航
	1798	本居宣長『古事記伝』を著す
	1804	フランスでナポレオンが皇帝となる
	1825	異国船打払令
	1833	天保のききん
	1837	大塩平八郎の乱 モリソン号事件
	1839	蛮社の獄

縦横無尽の東大さんぽ

text by キャシー

Vol.6

文化祭で志望校を偵察しよう

もう夏休みも後半ですね。2学期に向けて心を躍らせている人、まだ夏休みが終わってほしくないと思う人、さまざまでしょうか。

さて、今回は9月に開催されることが多い、文化祭についてお話しします。文化祭はその学校の雰囲気を知る絶好の機会です。志望校の文化祭に行くことで、自分の志望校が本当に肌に合うのかを見ることができます。また、まだ志望校が定まっていない人は、最終的に志望校を絞るうえで参考にすることもできるでしょう。私も大学受験をするにあたり、大学の学園祭やオープンキャンパス（受験生に大学を紹介するイベント）に足を運んでいました。

東大のオープンキャンパスでは、キャンパスの広さに圧倒されたと同時に、歴史ある建物と新しくおしゃれな建物とが共存し、そのどちらでも学ぶことができるという環境に惹《ひ》かれました。さらに東大生になんでも相談できるブースがあり、勉強やサークル活動、受験勉強についてなど、憧れの大学の先輩の生の声を聞くことができて、ありがたかったことを覚えています。一方、東大の学園祭では、色々な分野の研究について紹介するブースを回って、「この大学で研究ができたら楽しそうだなあ」と、受験へのモチベーションを高めたりしました。

ちなみに第1志望の東大以外の学園祭にも行きました。早稲田大の学園祭では、出店の多さ、お客さんの多さにびっくりし、慶應義塾大の学園祭では、あまりに学生が大人っぽくて、年齢が自分と数年しか変わらないことが信じられませんでした。

このように自分の目で大学を見た経験が、最終的に併願校を決定するときの判断指標になりました。ですからみなさんが高校の文化祭を見に行くときも、出しものを楽しみながら、以下のようなことをチェックすることをおすすめします。

まずは学校が文化祭などの行事に力を入れているか、それとも学業に重きをおいているか。次に、生徒の雰囲気は明るそうか、真面目そうか、話しやすそうか…。生徒間で話している様子を見たり、勇気を出して実際に話しかけてみるといいでしょう。最後は、学校までのアクセスと設備。学校は通いやすそうな場所にあるか、学校の設備は魅力的か…など。これらの情報を活用して、自分が理想とする高校生活を送れそうな学校を志望校に選べるといいですね！

今月の挑戦!!

友だちと2人で海外旅行に

昨年初めて挑戦した友だちとの海外2人旅。期間は1カ月半。おもな行き先はアメリカで、ワシントン州（シアトル）、カリフォルニア州などをめぐり、ハワイ州やカナダまでも周遊する盛りだくさんな旅でした。

頼りにできるのは自分たちだけ。予定を立てるのも自分たち。もちろん日本語は通じません。多くの不安を抱えて出発し、実際多くの問題に直面しました。しかし、行く先々でだれかが助けてくれて、私は世界のどこにでも優しい人はいるのだなと実感することができました。

例えば、シアトルでワシントン大を見に行こうとして、道に迷ってしまったことがありました。すると、バス停にいたおじさんが声をかけてくれました。しかも行き先がいっしょだったらしく、大学内の案内までしてくれたのです。おかげでワシントン大の歴史を知ることができ、建物のなかまで見学できました。

挑戦に不安はつきものです。しかし、一度挑戦すれば思わぬ収穫があるものです。みなさんもこの秋、ぜひなにかに挑戦してみてください！

日光国立公園

尾瀬国立公園

秩父多摩甲斐国立公園

どこにあるの？ なにがあるの？

自然豊かな「国立公園」

みなさんは「国立公園」を知っていますか。美しい自然が広がる広大な公園で、全国に数多くあります。今回は首都圏からも比較的行きやすい関東の６つの国立公園を中心に、そこでどんな自然を見られるのか紹介します。興味を持ったら、ぜひ一度行ってみてくださいね。

小笠原国立公園

富士箱根伊豆国立公園

南アルプス国立公園

国立公園とは??

国立公園は、美しい自然を次の世代へと伝えていくために、国が指定、保護、管理している公園です。

その歴史は、１９３４年（昭和９年）までさかのぼります。同年３月に、日本初の国立公園として、瀬戸《せと》内海《ないかい》国立公園、雲仙《うんぜん》国立公園（現・雲仙天草《うんぜんあまくさ》国立公園）、霧島《きりしま》国立公園（現・霧島錦江湾《きりしまきんこうわん》国立公園）の３つが指定を受けました。２０１７年（平成29年）には、奄美群島《あまみぐんとう》国立公園が指定され、現在、北海道から沖縄まで、全国に34もの国立公園があります。

34の国立公園それぞれに特徴があるのはもちろんのこと、どの国立公園も広大な敷地のなかに、山や川、湖など、多様な景観を有しています。ダイナミックな自然を楽しめるほか、そこでしか出会えない植物が生育していたり、野生の動物が生息していたりと、国立公園には魅力があふれています。

今回の特集では、関東にある６つの国立公園を詳しくみてみましょう。全国の国立公園の一覧も掲載しているので、興味を持ったら、自分でも調べてみてくださいね。

出典：環境省ホームページ（https://www.env.go.jp/park/）

関東の国立公園

①指定された年　②位置する都道府県　③面積　④アクセス（環境省の各国立公園のページでご確認ください）

信仰の山として名高い男体山と中禅寺湖

日光《にっこう》国立公園

①1934年（昭和９年）　②福島県・栃木県・群馬県　③11万4908ha
④https://www.env.go.jp/park/nikko/access/index.html

日光白根山《にっこうしらねさん》や男体山《なんたいさん》といった山々や日本の滝百選に選ばれている華厳滝《けごんのたき》、霧降滝《きりふりのたき》、ラムサール条約湿地に登録されている奥日光の湿原、美しい渓谷の景色を楽しめる鬼怒川《きぬがわ》流域など、多くの見どころがある日光国立公園。世界遺産に登録されている日光東照宮《にっこうとうしょうぐう》や二荒山《ふたらさん》神社などもあり、それらの社寺と周囲の自然との調和を見られるのも魅力です。公園内にはニホンザルやツキノワグマなどの野生動物も生息しています。

ミズバショウが咲く尾瀬ヶ原

尾瀬《おぜ》国立公園

①2007年（平成19年）　②福島県・栃木県・群馬県・新潟県　③３万7200ha
④https://www.env.go.jp/park/oze/access/index.html

尾瀬国立公園一帯は山に囲まれ、日本最大の山岳湿地である尾瀬ヶ原が広がります。930種以上もの植物（シダ以上の高等植物種）が確認されており、なかには尾瀬で初めて発見されたもの、尾瀬でしか見られないものもあります。５月中旬から10月中旬が見ごろで、５月中ごろにはミズバショウ、７月中ごろにはゼンテイカ（ニッコウキスゲ）、10月ごろには紅葉など、季節ごとに違った景色を楽しめます。

車でのアクセスもよく、多くの利用者が訪れる大菩薩峠

秩父多摩甲斐《ちちぶたまかい》国立公園

①1950年（昭和25年）　②埼玉県・東京都・山梨県・長野県　③12万6259ha
④https://www.env.go.jp/park/chichibu/access/index.html

東京、埼玉、山梨、長野にまたがり、首都圏から最も近い国立公園です。2601mの北奥千丈岳《きたおくせんじょうだけ》を最高峰とした標高2000m級の山々が連なる奥秩父山塊《おくちちぶさんかい》を中心に、さまざまな山岳、渓流が特徴的で、ムササビ、ニホンカモシカなどの動物も生息しています。首都圏からのアクセスが良好なため、ハイキング、登山、キャンプ、釣りなど、訪れる多くの利用者は、多様な楽しみ方ができる場所となっています。

その他の国立公園

④は省略しています

利尻礼文《りしりれぶん》サロベツ国立公園
①１９７４年（昭和49年）　②北海道
③２万４１６６ha

知床《しれとこ》国立公園
①１９６４年（昭和39年）　②北海道
③３万８６３６ha

阿寒摩周《あかんましゅう》国立公園
①１９３４年（昭和９年）　②北海道
③９万１４１３ha

釧路湿原《くしろしつげん》国立公園
①１９８７年（昭和62年）　②北海道
③２万８７８８ha

大雪山《だいせつざん》国立公園
①１９３４年（昭和９年）　②北海道
③22万６７６４ha

支笏洞爺《しこつとうや》国立公園
①１９４９年（昭和24年）　②北海道
③９万９４７３ha

十和田八幡平《とわだはちまんたい》国立公園
①１９３６年（昭和11年）　②青森県・岩手県・秋田県　③８万５５３４ha

三陸復興《さんりくふっこう》国立公園
①１９５５年（昭和30年）、２０１３年（平成25年）区域を拡張して再指定　②青森県・岩手県・宮城県　③２万８５３７ha

磐梯朝日《ばんだいあさひ》国立公園
①１９５０年（昭和25年）　②山形県・福島県・新潟県　③18万６３８９ha

上信越高原《じょうしんえつこうげん》国立公園
①１９４９年（昭和24年）　②群馬県・新潟県・長野県　③14万８１９４ha

妙高戸隠連山《みょうこうとがくしれんざん》国立公園
①２０１５年（平成27年）　②新潟県・長野県　③３万９７７２ha

中部山岳《ちゅうぶさんがく》国立公園
①１９３４年（昭和９年）　②新潟県・富山県・長野県・岐阜県　③17万４３２３ha

白山《はくさん》国立公園
①１９６２年（昭和37年）　②富山県・石川県・福井県・岐阜県　③４万９９００ha

伊勢志摩《いせしま》国立公園
①１９４６年（昭和21年）　②三重県
③５万５５４４ha

小笠原《おがさわら》国立公園

①1972年（昭和47年） ②東京都 ③6629ha（陸域のみ）
④https://www.env.go.jp/park/ogasawara/access/index.html

日本列島から約1000km南に位置している小笠原国立公園。亜熱帯に所属する島々からなり、独自の進化を遂げた動植物や生態系が広がっています。日本列島ではなかなか見ることができない亜熱帯ならではの景観や、海底火山活動によってできた「枕状溶岩《まくらじょうようがん》」なども特徴的です。小笠原諸島周辺では、数多くのイルカやクジラも生息しています。2011年（平成23年）には「小笠原諸島」が世界遺産にも登録されています。

亜熱帯地域ならではの壮観な海中風景

富士《ふじ》箱根《はこね》伊豆《いず》国立公園

①1936年（昭和11年） ②東京都・神奈川県・山梨県・静岡県 ③12万1695ha（陸域のみ） ④https://www.env.go.jp/park/fujihakone/access/index.html

日本最高峰の富士山（3776m）を中心とした「富士山地域」、温泉地として古くから有名な「箱根地域」、変化に富んだ海岸線と温泉が魅力の「伊豆半島地域」、そして、いまも活発な火山活動が見られる島々を含んだ太平洋上の火山島からなる「伊豆諸島地域」の４地域からなる公園です。首都圏から近く、さまざまな場所から富士山を望むことができるため、日本で最も来訪者が多い国立公園でもあります。

静岡県富士宮市にあり「富士山地域」に属している白糸の滝

南《みなみ》アルプス国立公園

①1964年（昭和39年） ②山梨県・長野県・静岡県 ③3万5752ha
④https://www.env.go.jp/park/minamialps/access/index.html

関東圏の山梨を含む南アルプス国立公園は、日本で富士山の次に高い北岳《きただけ》（3193m）をはじめとした3000級の山を10座以上有しています。日本における氷河が存在した跡を残す場所としては最南端で、高山帯にはおよそ２万年前にできた氷河地形などがその姿を留めています。ライチョウなどの高山帯ならではの動植物を観察でき、また、古くから山岳信仰の対象となってきたことから、文化的な意義も深い公園です。

富士山に次ぐ標高 3193mを誇る北岳

吉野熊野《よしのくまの》国立公園
①1936年（昭和11年） ②三重県・奈良県・和歌山県 ③6万1406ha（陸域のみ）

山陰海岸《さんいんかいがん》国立公園
①1963年（昭和38年） ②京都府・兵庫県・鳥取県 ③8783ha（陸域のみ）

瀬戸内海《せとないかい》国立公園
①1934年（昭和9年） ②兵庫県・和歌山県・岡山県・広島県・山口県・徳島県・香川県・愛媛県・福岡県・大分県 ③6万6934ha（陸域のみ）

大山隠岐《だいせんおき》国立公園
①1936年（昭和11年） ②岡山県・鳥取県・島根県 ③3万5353ha（陸域のみ）

足摺宇和海《あしずりうわかい》国立公園
①1972年（昭和47年） ②愛媛県・高知県 ③1万1345ha（陸域のみ）

西海《さいかい》国立公園
①1955年（昭和30年） ②長崎県
③2万4646ha（陸域のみ）

雲仙天草《うんぜんあまくさ》国立公園
①1934年（昭和9年） ②長崎県・熊本県・鹿児島県 ③2万8279ha（陸域のみ）

阿蘇《あそ》くじゅう国立公園
①1934年（昭和9年） ②熊本県・大分県 ③7万2678ha

霧島錦江湾《きりしまきんこうわん》国立公園
①1934年（昭和9年） ②宮崎県・鹿児島県 ③3万6586ha（陸域のみ）

屋久島《やくしま》国立公園
①2012年（平成24年） ②鹿児島県
③2万4566ha（陸域のみ）

奄美群島《あまみぐんとう》国立公園
①2017年（平成29年） ②鹿児島県
③4万2181ha（陸域のみ）

やんばる国立公園
①2016年（平成28年） ②沖縄県
③1万3622ha（陸域のみ）

慶良間諸島《けらましょとう》国立公園
①2014年（平成26年） ②沖縄県
③3520ha（陸域のみ）

西表石垣《いりおもていしがき》国立公園
①1972年（昭和47年） ②沖縄県
③2万1958ha（陸域のみ）

視野が広がる!?

大学研究室 探検隊

Vol.9

東京大学 堀《ほり》・藤本《ふじもと》研究室

研究内容

３つの特徴をもつ最先端の電気自動車

中学生のみなさんにはあまりなじみがないかもしれませんが、多くの人が進むであろう大学の研究室では、文系・理系を問わず、日々さまざまな研究が行われています。このコーナーでは、そうした研究室や研究内容を紹介していきます。ここで見つけた研究がみなさんの視野を広げ、将来の目標への道標となるかもしれません。第９回は、最先端の電気自動車を開発している東京大学の堀・藤本研究室です。

一部写真提供：東京大学　堀・藤本研究室

現在街を走行している多くの自動車がガソリンを燃料としています。それに対し、東京大学の堀洋一教授・藤本博志准教授の研究室で研究されているのは電気で走る電気自動車です。

「電気自動車はすでに開発されているよ」と思う人もいるかもしれませんが、堀・藤本研究室の電気自動車は一味違います。

その特徴は、キャパシタを積んでいること、ワイヤレス給電を取り入れていること、そしてモータを使って高度な制御を実現していることなどです。この「キャパシタ」「ワイヤレス」「モータ」という3つの特徴を詳しくご紹介しましょう。

数百万回の充放電が可能なキャパシタ

まず一つ目の特徴である「キャパシタ」について見てみましょう。

キャパシタとは電気をためる電子部品のことです。いわゆるパソコンなどに使われている電池（リチウムイオン電池）とは異なり、寿命が非常に長く、数百万回の充電、放電に耐えられる性質があります。また、充電にかかる時間が短く、パワーが大きいのも特徴で、堀・藤本研究室が開発したキャパシタを積んだ電気自動車は、30秒の充電で20分以上走行できるというから驚きです。

しかし、リチウムイオン電池と比べると、パワーは大きいですが、一度に入れられる電気の量は少ないため、一回の充電で走れる距離（航続距離）が短く、そこが課題となっています。

その点について堀教授に伺うと「航続距離の課題を解決するための考え方は2つです。一つは大きな電池を積むこと。もう一つは、電気を供給（給電）しながら走ること。私の研究室では、後者の方法を研究しています。電車を思い浮かべてください。電車は走行中もパンタグラフ（※）を使って電線から電気を受け取っています。あのようなイメージで、大きな電池を積むのではなく、

堀洋一（ほり・よういち）／1978年東京大学工学部電気工学科卒業、1983年同大学院博士課程修了（電子工学）、同大学同学部電気工学科教授、同大学生産技術研究所教授等を経て、2008年より同大学新領域創成科学研究科教授。

※電車の上部に取りつけられたひし形の集電装置

給電しながら走る電気自動車を研究しています。給電しながら走るということは、何度も充電、放電を繰り返すということです。ですから、リチウムイオン電池ではなく、数百万回の充放電が可能なキャパシタを搭載しています」と話されます。

ではどのように、走行中の自動車に電気を供給するのでしょうか。自動車は電車と違って、レールの上を走るわけではありませんし、自由にどこにでもいけるようにと、すべての道路上部に電線を張りめぐらせるわけにもいきません。

そこでキーとなるのが2つ目の特徴である「ワイヤレス」です。

給電は道路から ワイヤレスに

「ワイヤレス」はその言葉が表す通り、ケーブルがないということです。現在私たちが一般的に使用している電気製品にはケーブルがついており、そのケーブルの先をコンセントにさしこむことで、製品を動かすための電気を取り込んでいます。このケーブルをつなぐことなく、電気を供給できるのがワイヤレス給電です。

「ワイヤレス給電をする場合に必要なのは、送電コイルと受電コイルです。送電コイルに電気を流し、その電気をいったん磁気の波に変えて送り出し、受電コイルがそれをキャッチするという仕組みです。送電コイルは道路に、受電コイルは自動車に取りつけます」と堀教授が話されるように、受電コイルを取りつけた電気自動車が、送電コイルを埋め込んだ道路を走ることで充電が可能になるそうです。

例えば、信号がある交差点近くに送電コイルを敷設しておけば、信号で停車している間に少しずつ充電することができ、わざわざ充電作業をするために給電ステーションに行く必要がなくなります。また、高速道路の一部に送電コイルを埋め込むと、その区間で充電しながら走ることができるため、航続距離を無限大にできるというわけです。

「私は、この停車中の『ちょこちょこ充電』と走行中の『だらだら充電』が、電気自動車の普及に重要だと考えています。ガソリンで走る自動車（以下、ガソリン車）のように、大きなエネルギーを積むことはできなくても、こうした環境整備をすることで、電気自動車でも長い航続距離の実現が可能になるのです。

研究室の様子

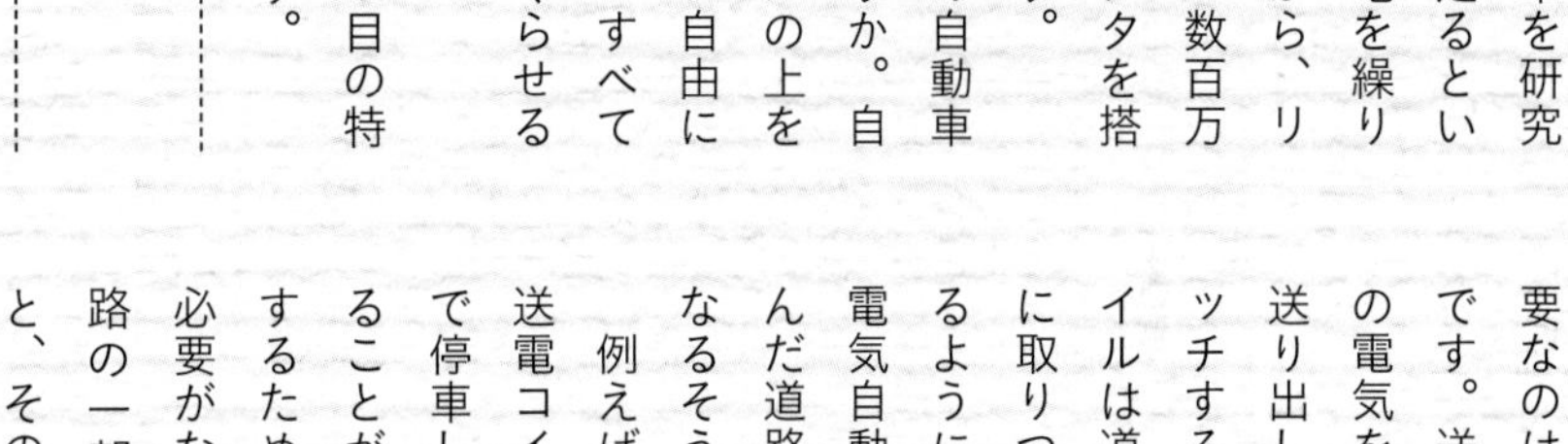

研究室には、ワイヤレス給電の研究をするための装置があります

しかし、電気自動車が多くなると、『莫大な量の電気が必要になるのでは』と思う人もいるでしょう。じつはそうではなく、ガソリン車から電気自動車へ徐々に移行していけば問題ありません」と堀教授。

それはガソリンの元となる原油は発電に使うことができるため、そのぶんの電気を使用すればよく、さらに発電所で作る電気は効率がとてもいいので、逆に電気の使用量は減っ

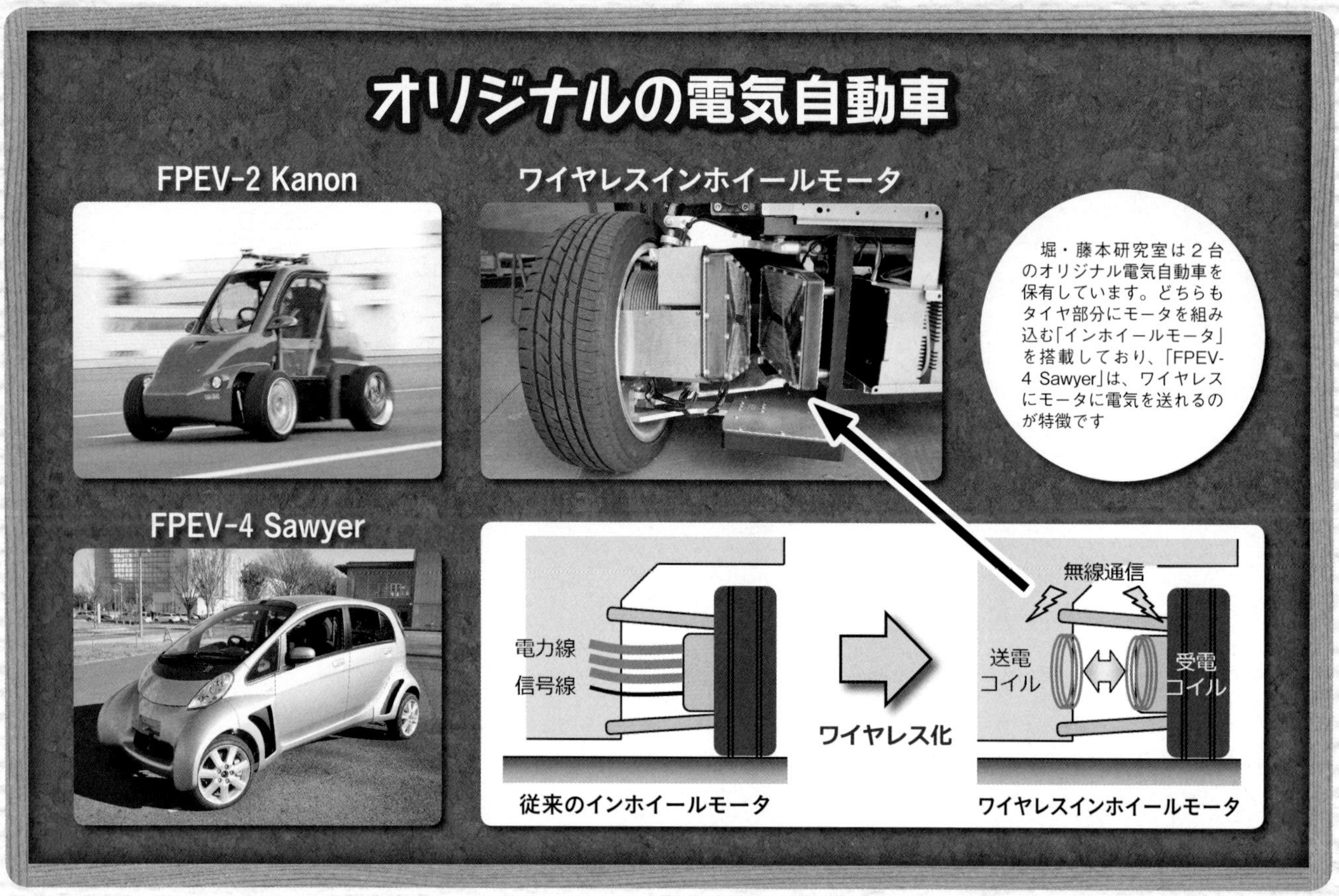

ていくはずだと考えられているからです。

さて、ワイヤレス給電については、さまざまな研究が行われてきたそうですが、これまでは近い距離で少ししか電気を送ることができないという欠点がありました。そこで、堀教授は中継コイルと周波数という2点からその課題を解決するべく研究を行いました。

「送電コイルと受電コイルの距離があまりに離れてしまうと磁気の波を飛ばすことができません。そこで、送電コイルと受電コイルの間に中継コイルを入れます。送電コイルから送られた磁気の波をまず中継コイルがキャッチし、それを受電コイルへと送る。中継コイルの数を多くすれば、送電コイルと受電コイルの間の距離を伸ばすことができます。さらに、磁気の波には周波数があるのですが、各コイルが送受電する周波数を同じにすることで、たくさんの電気を送れるようになりました」（堀教授）

こうした研究がさらに進めば、電気自動車の普及につながるだけでなく、すべての電気機器がワイヤレスになり、家のなかからケーブルがなくなる、という日がやってくるかもしれませんね。

タイヤのなかにモータを組み込む

次に3つ目の特徴である「モータ」についてご紹介します。

モータの特徴を堀教授に伺うと「エンジンと比べると、モータは制御応答が１００倍速いんです。制御応答とは、例えばタイヤがすべりそうになったときに、モータがすぐに反応し、すべらないようにするといったようなことです。エンジンからモータに替えることで自動車の特性を変えられる、私はこのことに大きな魅力、おもしろみを感じています」と話されます。

機械の応答が速いと、アクセルを踏んだときに急発進してしまうことも考えられ、危険なのではないかと思ってしまいますが、堀教授はそうではないといいます。

「確かにアクセルを踏んだときの反応は緩やかな方が安全でしょう。しかし、だからモータではダメだとは考えないでください。例えばアクセルを踏むといった人間の指令にしたがう機械の動きと、タイヤをすべりにくくするという機械自体の特性はそれぞれ独立して設計できるの

で、モータを使うことによって、むしろ安全性の高い車を作ることが可能です」（堀教授）

そんな特徴を持つモータを、堀・藤本研究室では、4つのタイヤそれぞれに組み込んでいます。これは「インホイールモータ」と呼ばれるものです。

「インホイールモータ」のメリットは、大きなモータを積む必要がなくなることで車体が軽くなり燃費がよくなる、各タイヤが独立した動きで車体のバランスを保つことができるので安全性がさらに向上する、といったことがあります。また、モータを積むスペースを改めて確保する必要がないので、車体のデザインも自由にできます。堀・藤本研究室の完全オリジナル電気自動車である「FPEV-2 Kanon」も、従来の自動車とは異なる特徴的な形をしています。

しかし、その一方で、「インホイールモータ」には、外気温の変化や走行中のタイヤの振動などで、各モータに電気を送るケーブルが切れてしまうかもしれないというリスクがありました。

そのリスクをなくすために堀・藤本研究室が開発したのが「ワイヤレスインホイールモータ」です。ここにも2つ目の特徴である「ワイヤレス」が活かされています。

「ワイヤレスインホイールモータ」は、その名の通り、送電コイルが送った電気を、モータがワイヤレスに受け取るというものです。実際に「ワイヤレスインホイールモータ」を搭載した実験車両「FPEV-4 Sawyer」もすでに開発されており、2017年（平成29年）には、世界で初めて実車走行を成功させています。

「キャパシタ」「ワイヤレス」「モータ」という3つの特徴をもつ最先端の電気自動車を開発している堀・藤本研究室。現在もさらなる改良をめざして日々研究が行われていますが、じつはその研究成果は電気飛行機にも応用されています。

「電気飛行機のメリットは、突風にあおられたときに瞬時に対応したり、なめらかに着陸ができたりと、電気自動車同様、細かな制御が可能になることです。この電気飛行機の研究は、学生が始めたものです」と堀教授が話されるように、堀・藤本研究室は新たな試みにも積極的で、学生の挑戦も応援しています。

みなさんもそんな最先端の研究に興味を引かれたのではないでしょうか。最後に、読者に向けて堀教授からメッセージをいただきました。

「『学問に王道なし』ということわざがありますが、やはり勉強はコツコツやることが必要です。また、色々なことに疑問を持って、どうしてなんだろうと考えてみたり、人とは違う発想をしたりすることを大切にしてほしいですね。私が電気自動車の研究を始めたのは20年ほど前ですが、当初は『そんなものは実現しない』と周囲の人から言われたものです。しかし、実現しました。みなさんの発想も、たとえほかの人にばかばかしいと思われたとしても、きちんとした根拠があって、しっかりとした思いを持って研究に取り組んでいけば、それが世界を変えることにつながるかもしれませんよ」

電気飛行機

電気自動車の研究成果を活かした電気飛行機。JAXA（宇宙航空研究開発機構）と共同で開発を進めました

ワイヤレス給電による実車走行

走行中に、インホイールモータへのワイヤレス給電を行った実験の様子

堀・藤本研究室

メンバー
東京大学新領域創成科学研究科学生、大学院生、そのほか研究員含め約40名

研究室
東京大学柏キャンパス
千葉県柏市柏の葉5-1-5

School Navi No. 285

東京都　江戸川区　女子校

江《え》戸《ど》川《がわ》女《じょ》子《し》高等学校

School Data

所在地	東京都江戸川区東小岩5-22-1
生徒数	女子のみ1069名
TEL	03-3659-1241
URL	https://www.edojo.jp/
アクセス	JR総武線「小岩駅」徒歩10分、京成線「江戸川駅」徒歩15分

「自立した女性」として輝く人に

選べる3つのコース 生徒全員が海外へ

1931年（昭和6年）の創立以来、「誠実・明朗・喜働」を校訓に掲げ、「新しい時代にふさわしい教養ある堅実な女性」を育成してきた江戸川女子高等学校。1人ひとりの希望に応じた教育を展開するため、「普通科Ⅱ類」「普通科Ⅲ類」「英語科」の3コースを設置しています。

「普通科Ⅱ類」は、難関私立大学をめざすコースです。高1は共通履修で、高2から文系・理系に分かれ、私立大学の受験に向けて文系は国語・英語・地歴歴史、理系は数学・英語・理科の3教科の学力を重点的に強化していくのが特徴です。

「普通科Ⅲ類」がめざすのは国公立大学、および早慶上理などの難関私立大学です。国公立大学の入試に向けて幅広い教科をまんべんなく学ぶとともに、二次試験に対応できる実践力を身につける授業も展開していきます。

「英語科」は、高1・高2は週9時間、高3は週10時間と英語の授業が多くあり、そのなかには英語科独自の科目「異文化理解」「英語理解」も含まれます。海外語学研修を必修化するなど、語学力の向上、異文化理解に力を入れつつ、早慶上智、東京外大といった難関大学の文系学部進学をめざします。

なお、英語科の語学研修は、ニュージーランド、イギリス、アメリカ、フィリピンといった多彩なコースが設定されており、各々が好きなコースを選ぶことができます。希望者はオーストラリアかニュージーランドでの1年間留学に挑戦できるのも魅力です。また、普通科の生徒も海外へ行く機会を用意しており、高2の修学旅行はカナダとフィリピンの選択制となっています。

さらに、夏・冬休み、受験直前期にはそれぞれ講習を設定するほか、放課後には、ハイレベルな内容を扱う「東大・医学部講習」や、ネイティブ教員から英語でのエッセイやレポートの書き方を教わる「アカデミックライティング講座」といった特別講習を開くなど、レベルアップのためのサポート体制も万全です。

このような学びを経て卒業した生徒たちは、自立した女性として社会で活躍しています。新たに高2対象の勉強合宿も始まり、ますます生徒の夢を応援する体制が整う江戸川女子高等学校です。

School Navi
No. 286

東京都　葛飾区　共学校

修徳《しゅうとく》高等学校

School Data

所在地	東京都葛飾区青戸8-10-1
生徒数	男子428名、女子257名
TEL	03-3601-0116
URL	http://shutoku.ac.jp/
アクセス	JR常磐線・地下鉄千代田線「亀有駅」徒歩12分またはバス、京成線「青砥駅」徒歩17分またはバス

生徒をサポートする充実した学習環境

知育・徳育・体育の三位一体教育をめざす修徳高等学校（以下、修徳）。生徒の学びをきめ細やかにサポートする指導体制を整え、部活動や行事にも存分に取り組める環境を用意しています。

部活動は全国レベルで活躍する部もあるなど、どの部も活発に活動しており、行事は校外学習やスポーツ大会、福祉施設訪問といった多種多様なものが実施されています。

個々にあったクラス編成 独自のプログレスも魅力

修徳には「特進選抜コース」と「文理進学コース」があり、そのなかにさらにクラスが設置されています。

「特進選抜コース」には特進クラスと選抜クラスがあります。どちらもハイレベルな授業と、長期休暇中に実施される講習により、高い学力を身につけられます。特進クラスは国公立大受験にも対応したカリキュラムが組まれています。

「文理進学コース」にあるのは文理進学クラスと英語選抜クラスです。文理進学クラスは、学習と部活動の両立に最適なバランスのとれたカリキュラムが特徴です。英語選抜クラスは、授業に加えて国内語学研修などで英語力を高め、英検といった検定試験に積極的に挑戦します。

また、「基礎学習の定着」と「自主的学習習慣の確立」をめざす独自の学習システム「プログレス」があるのも修徳の特徴です。

月曜～金曜の朝は、朝プログレスとして英単語小テストが実施されます。合格点に達しない生徒には、放課後プログレス（フォローアップ学習）が課されます。土曜にはその週の朝プログレスで出された全英単語を範囲とするテストが行われるため、確実に知識を定着させることができます。希望者は、放課後に応用力を育成するための講習・ハイプログレスを受講することも可能です。

２０１４年（平成26年）には大学受験専用学習棟として「プログレス学習センター」が完成し、さらに学習環境が充実しました。少人数の講習や個別指導を受けられるほか、自習室で集中して勉強に取り組むこともできます。グループで学習できるコモンルームや勉強の合間にリフレッシュできるカフェラウンジなどがあるのも魅力です。

こうした恵まれた環境が整う修徳高等学校で、生徒たちは将来に向けて、自分を大きく成長させています。

FOCUS ON

神奈川県立
川和高等学校

KANAGAWA PREFECTURAL KAWAWA SENIOR HIGH SCHOOL

髙尾《たかお》　成弘《なりひろ》 校長先生

School Data

◆**所在地**
神奈川県横浜市都筑区川和町2226-1

◆**アクセス**
横浜市営地下鉄グリーンライン「都筑ふれあいの丘駅」徒歩15分、東急田園都市線「市が尾駅」バス

◆**TEL**
045-941-2436

◆**生徒数**
男子416名、女子540名

◆**URL**
http://www.kawawa-h.pen-kanagawa.ed.jp/

- ２学期制
- 週５日制
- 月・火曜７時限、水・木・金曜６時限
- 50分授業
- １学年８クラス
- １クラス約40名

学校全体が一丸となり「高い次元の文武両道」をめざす

約３万8000m²の広大なキャンパスを有し、「高い次元の文武両道」を校是とする神奈川県立川和高等学校。学校全体が一丸となって３年間の高校生活をつくっています。生徒たちは勉強や学校行事、生徒会活動、部活動に全力で取り組みながら、はつらつとした日々を送っています。

神奈川県のマークが校章にデザインされている

神奈川県立川和高等学校（以下、川和高）は、１９６２年（昭和37年）、富士山を見渡す都筑の丘に開校されました。今年創立56周年を迎える学校です。校章は神奈川県のマークを用いてデザインされ、横浜北部の中核的な高校として、県から期待を込められて創立されたことがわかります。２０１６年度（平成28年度）の神奈川県の県立高校改革に伴い、「学力向上進学重点校エントリー校」の1校となっています。

校訓には「誠実・勤勉・質朴」が掲げられ、学業や学校行事、生徒会活動、部活動にも全力で取り組む「高い次元の文武両道」を校是としています。また、「育みたい生徒像」として「高度な知識と健全な身体、逞《たくま》しい精神力と思いやりを兼ね備え、多様な分野でリーダーシップを発揮し、広く堅実に社会貢献できる人材」があげられています。

髙尾成弘校長先生は「本校の生徒は将来、社会を担うリーダーになる生徒だと思っていますので、勉強だけではなく高校時代に色々な体験をしてもらいたいのです。これからは、身の周りのあらゆるものがインターネットにつながるＩｏＴやＡＩの技術がさらに進化するでしょう。そのような時代を動かす生徒たちですから、勉強以外にもあらゆることを体験させ、より大きな人間になって卒業してもらいたい、その思いから『高い次元での文武両道』を掲げているのです」と話されました。

進路実現をめざす「深い学び」が特徴

川和高のカリキュラムは、「深い学び」の実践と、生徒1人ひとりの進路実現をめざす内容が特徴です。

1年次は基礎学力の伸長に重点を置きます。例えば、物理基礎、化学基礎、生物基礎の理科3科目は必修です。1年次に基礎固めを行い、来たる3年次の受験対策に備えます。

2年次はⅠ型とⅡ型のクラスに分かれます。Ⅰ型は理科を1科目、Ⅱ型は理科を2科目履修します。

3年次には多くの選択科目が設けられ、生徒の希望進路に沿って文型・理型のクラスに分かれます。選択科目には「探究現代文」や「探究世界史」など「探究」がつく科目があり、これは、より深く学べる発展的な授業内容となっています。

グラウンド

正門

緑に囲まれた落ち着いた環境が魅力です。校舎は現在耐震工事のため改修中ですが、広々としたグラウンドは使用可能で、グラウンドを使う部活動にも支障はありません。

数学授業風景

英語授業風景

学校生活

「2年次には、I型・II型という形でゆるやかに文理分けをしています。きっちりと文理を分けず、広く学ぶことで総合知を育成し多様な進路希望に対応できる力を育みます。

また、カリキュラムでは連続性も重視し、例えば、世界史、日本史、地理は2年次と3年次に連続して学習できます。また、理系の国公立大受験に必要な理科2科目を、1年の化学基礎、2年の化学、3年の化学研究のように、3年間続けて深く学ぶことが可能です」(髙尾校長先生)

質の高い授業が行われている川和高では、教員が工夫したアクティブな授業も取り入れられています。

「近年注目されているアクティブラーニング型の授業とは、頭のなかをアクティブにするような内容であるべきだととらえています。それには教員から生徒へ向けた発問が大事です。どういった発問が生徒をアクティブにさせるのか、本校の教員はつねに考えながら授業を工夫しています。ペアワークやグループワークはよく行っています。例えば数学では、東京大の入試問題をいくつかのグループに分けて考えさせるなどしています」(髙尾校長先生)

少人数授業も実施されています。高2の英語表現Ⅱで1クラスを2展開、高3の数学Ⅲで2クラスを3展開し、親身な指導が行われます。

長期休暇中には、夏期講習、冬期講習があります。全学年が対象で、昨年の夏期講習では3学年合計で27講座が開講されました。生徒たちは6月ごろに発表される講習予定を見て、希望する講座を選び、夏休みのスケジュールを立てています。

学校全体でめざす 充実した高校3年間

川和高の3年間は「勉強も部活動も学校行事も、みんな頑張る!　みんなで頑張る!」(髙尾先生)をスローガンとしています。生徒と教職員、そして保護者を含めた「みんな」で一丸となって学校生活がつくられています。

髙尾校長先生は「普段から自習室で勉強する生徒たちが多く、土曜日は授業がなく部活動の日なのですが、自習のために学校に来る生徒もいます。定期試験の1週間前は部活動ができませんので、早朝や放課後に教員や生徒たちの自主的な補習が行われています。受験も団体戦です。毎年暮れになると、高3から高2に向けて、この時期にやるべきことなど、後輩へ向けたメッセージが貼られます。高2から高3へはエールの言葉も送られます。こうした上下の学年で結びついた団体戦もあります。生徒同士が刺激しあい、切磋琢磨しながらの3年間が、本校の高校生活です」と語られました。

部活動の参加率が95・5%という

運動系の学校行事

球技大会

ロードレース

ダンス大会

剣道大会

体育祭

年間を通してさまざまな学校行事が行われています。体育祭以外にも多彩な運動系の行事を実施。文武両道を掲げる川和高らしさが表れています。

その他の学校行事

運動系以外の行事も充実。多くの来場者でにぎわう文化祭や体験学習を取り入れた修学旅行など、高校生活の思い出を彩ります。

校外学習

文化祭

入学式

修学旅行

卒業式

芸術科発表会

画像提供：神奈川県立川和高等学校

川和高では、部活動の指導などで現役大学生のOBやOGが訪れる機会も多く、在校生と交流することもいい励みとなっているそうです。部活動の指導教員も朝練から生徒といっしょに汗を流すなど、教室以外のつながりも深い学校です。

計画的な進路指導で将来の夢へ踏み出す

進路指導は3年間かけて計画的に進められます。まず1年次から年に4回の校内模試が実施され、定期考査とともに成績が記録されます。そのデータを参考に進路指導が行われていきます。

進路選択にかかわる特色ある取り組みとして、「大学出張授業」と「大学ガイダンス」があります。

2年次の「大学出張授業」は東京工大、横浜国立大、早稲田大、東京理科大、北里大などの教授による講義が開かれる内容です。

「大学ガイダンス」は、3年次の5～6月にかけて行われます。東京工大、一橋大、東京外大、早稲田大、慶應義塾大などの大学担当者が川和高を訪れ、学部・学科・入試状況などについて詳しく説明します。

このような進路指導の実りとして、川和高では、毎年約9割の生徒が現役で国公立大学や難関私立大学へ進学しています。

最後に、髙尾校長先生に読者へのメッセージを伺いました。

「生徒には部活動で『勝ち』を意識しろと言っています。楽しいだけではなく、勝ちたいと思うところからチームワークが生まれます。協働の難しさや楽しさ、勝負にいって負けたときの悔しさや挫折感、そしてそれを乗り越えたときの達成感などを体験させたいと思っています。『高い次元の文武両道』とは勉強も部活動も一流をめざすということです。本校には勉強、部活動、学校行事すべてを頑張る生徒さんに来てほしいです」（髙尾校長先生）

2018年度（平成30年度）大学合格実績　（ ）内は既卒

大学名	合格者数	大学名	合格者数
国公立大学		私立大学	
北海道大	2(1)	早稲田大	86(16)
筑波大	2(1)	慶應義塾大	46(11)
千葉大	3(0)	上智大	27(4)
東京大	2(1)	東京理科大	30(10)
東京外大	2(1)	青山学院大	61(4)
東京学芸大	3(1)	中央大	54(16)
東京工大	5(2)	法政大	83(13)
一橋大	2(1)	明治大	169(23)
首都大学東京	12(3)	立教大	71(8)
横浜国立大	27(5)	学習院大	15(1)
横浜市立大	8(0)	津田塾大	5(0)
その他国公立大	18(8)	その他私立大	483(88)
計	86(24)	計	1130(194)

和田式教育的指導

夏休みの終わりから秋にかけての取り組み

**夏休みの終わりを受験勉強の１つの区切りにしてみましょう。
春からの勉強がどの程度進み、自分の力になっているかを知ることで、
２学期からの勉強法が変わってきます。自分の弱点や伸びない部分など、
問題はどこにあるのかを探り、夏休みの最後に総復習をすることで攻略します。**

夏の終わりに仕切り直しをしよう

受験生は、夏休みには苦手分野の克服や志望校対策など、なにかしらの目標を持って勉強をします。その目標が計画通りにうまくいった人も、なかなかできなかった人もいると思います。そこで、夏休みの終わりが近づいてくるこの時期、みなさんにぜひやってもらいたいことがあります。それは、この段階で一度仕切り直しをすることです。このまま夏休みが終わって2学期に入るのではなく、いまの自分の力を見直し、この先の勉強に対処するのです。

過去問を解いていまの実力を知ろう

具体的な方法として、まず志望校の過去問を1年ぶんやります。そうすると、合格するにはあと何点足りないかがわかり、現在の実力が見えてきます。

これまでやってきた勉強が身についているかどうかも、過去問を解いて確認することができます。結果が芳しくないのであれば、自分なりにやってきた勉強法が的外れなものだったのかもしれません。やり方を見直す必要があるでしょう。逆に順調に伸びていれば、いまの勉強法を続ければいいのです。

春に過去問をやっていれば、今回再びやってみることで、春の結果といまの結果をみて自分の成績の比較ができます。どういう風に伸びているかがわかりますし、伸びていない分野も客観的にわかります。もし、思ったように伸びていなければ、どこに原因があるか分析しなければいけません。

夏休みの終わり、秋からの本格的なスタートの前に、一度過去問に取り組み、弱点の原因と克服法を考えることは必要です。また、志望校を変えるかどうかといった、目標校の設定なども含めた今後の見当もつけられます。

総復習を行うことで夏の勉強を定着させる

もう1つ必ず行ってほしいのが、夏休

和《わ》田《だ》秀《ひで》樹《き》

1960年大阪府生まれ。東京大学医学部卒、東京大学医学部附属病院精神神経科助手、アメリカのカールメニンガー精神医学校国際フェローを経て、現在は川崎幸病院精神科顧問、国際医療福祉大学心理学科教授、緑鐵受験指導ゼミナール代表を務める。心理学を児童教育、受験教育に活用し、独自の理論と実践で知られる。著書には『和田式　勉強のやる気をつくる本』(学研教育出版)『中学生の正しい勉強法』(瀬谷出版)『[改訂新版]学校に頼らない 和田式・中高一貫カリキュラム』(新評論)など多数。初監督作品の映画「受験のシンデレラ」がモナコ国際映画祭グランプリ受賞。

みに勉強したことの総復習です。勉強をしたつもりでも、それが身につかないのは、やりっぱなしだからです。勉強したことは、復習をしてようやく自分のものになるのですから、これをおろそかにしては力がつきません。

夏休みの終わりには、これまでやってきた内容の総復習を行うといいでしょう。それによって、苦手部分やミスの多かった点がわかるようになります。

先月紹介したように、夏休みは1週間ごとのスケジュールを立て、そのうち1日を復習にあてていましたが、夏休みの総復習はもう少し時間をかけて、最後の1週間を使って行うといいでしょう。過去問の結果からピックアップした自分の弱点を、1週間かけて集中的に復習します。どうしても、夏休みの最後の時期は、もっと先に進みたいという欲が出てきます。そのときに復習をしていると、なにか足踏みをしているような感覚が起きるかもしれませんが、この勉強は必ずあとで活きてきます。しっかりと取り組んでほしいと思います。

和田先生に聞く お悩み解決アドバイス

Q　どの高校も魅力的で志望校を決められません

A　志望校に悩んだら入りやすさに注目

どこの学校も魅力的でよく見えるということは、裏を返せば「どこを選んでもいい」と言えるのではないでしょうか。

無責任な回答だと思われるかもしれませんが、違います。なぜなら、どの高校に行くかは、その後の大学受験や就職先の選択に比べ、その人の人生を決めるような決定的な要因にはならないからです。

確かに有名校、人気校というのはあり、そこをめざす人は多いのですが、大切なのは高校卒業後の進路です。また、有名校、人気校であっても、教育方針や校風が自分に合わないこともあります。例えば、自由にマイペースで学びたい人には、受験勉強対策に力が入れられている学校は厳しすぎて苦痛になるかもしれません。

高等専門学校など、卒業後の進路選択が限られている学校を除けば、どの学校でもそれほど差はないと思います。自分に合いそうな学校のなかから、模擬試験の結果を参考に最も入りやすい学校を選ぶことが賢明な選択でしょう。

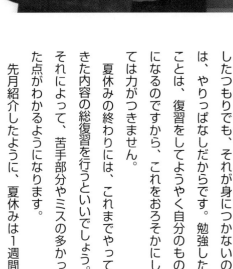

真の文武両道を追求しよう!

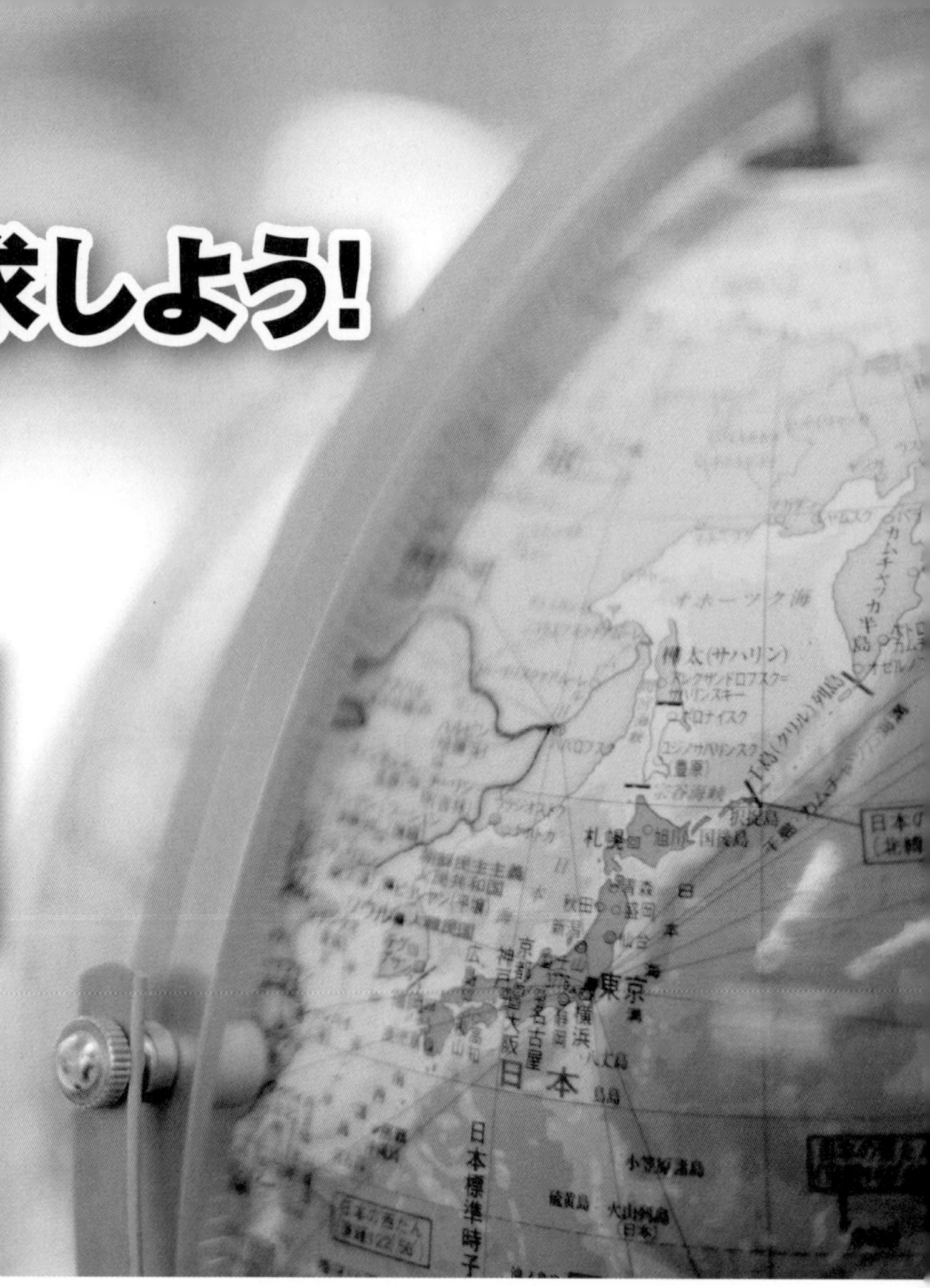

平成30年度・大学合格者数

北海道大・東北大・東工大

国公立大	73名	早慶上理	64名
医歯薬看護	116名	G-MARCH	190名

世界大会から県大会出場まで各部活が活躍

世界大会出場！水泳部、パワーリフティング部

全国大会出場！女子バレーボール部、吹奏楽部、放送委員会

関東大会出場！アーチェリー部、将棋部

学校説明会【生徒による説明会】

(予約不要　10:00～11:30)

9月　8日(土)

入試説明会【入試問題傾向解説】

(予約不要　10:00～11:30)

9月22日(土)　11月10日(土)

ナイト説明会

(予約不要　19:00～20:00)

8月29日(水)

会場:春日部ふれあいキューブ

(春日部駅西口より徒歩3分)

9月19日(水)

会場:越谷コミュニティセンター

(新越谷駅、南越谷駅より徒歩3分)

個別相談会(完全予約制)

＊予約受付はHPにてご案内しています

(9:00～12:00、13:00～15:00)

10月14日(日)　10月21日(日)

10月28日(日)　11月18日(日)

11月24日(土)　11月25日(日)

12月　8日(土)　12月16日(日)

＊日程は予定ですので、HPなどでご確認の上、ぜひお越しください。

春日部共栄高等学校

〒344-0037 埼玉県春日部市上大増新田213　TEL.048-737-7611

東武スカイツリーライン／東武アーバンパークライン 春日部駅西口からスクールバス(無料) 7分

http://www.k-kyoei.ed.jp

教えてマナビー先生！

世界の先端技術

▶マナビー先生

日本の某大学院を卒業後、海外で研究者として働いていたが、和食が恋しくなり帰国。しかし科学に関する本を読んでいると食事をすることすら忘れてしまうという、自他ともに認める“科学オタク”。

CanguRo

search

変身して人を支援してくれる楽しい友だちロボットが登場

自転車に乗るのは楽しいよね。今回紹介するのは千葉工業大学未来ロボット技術研究センター（fuRo）が開発した乗り物、「CanguRo」（カングーロと発音する）だ。カングーロとはイタリア語でカンガルーの意味だ。CanguRoを正面から見ると小さなカンガルーのようだね。CanguRoは３つの車輪がついていて、前の２輪は駆動用、後ろの１輪は方向転換用になっている。前の車輪には小さな電動モータが入っていて、CanguRoを最高時速10kmの速度で走らせることができる。

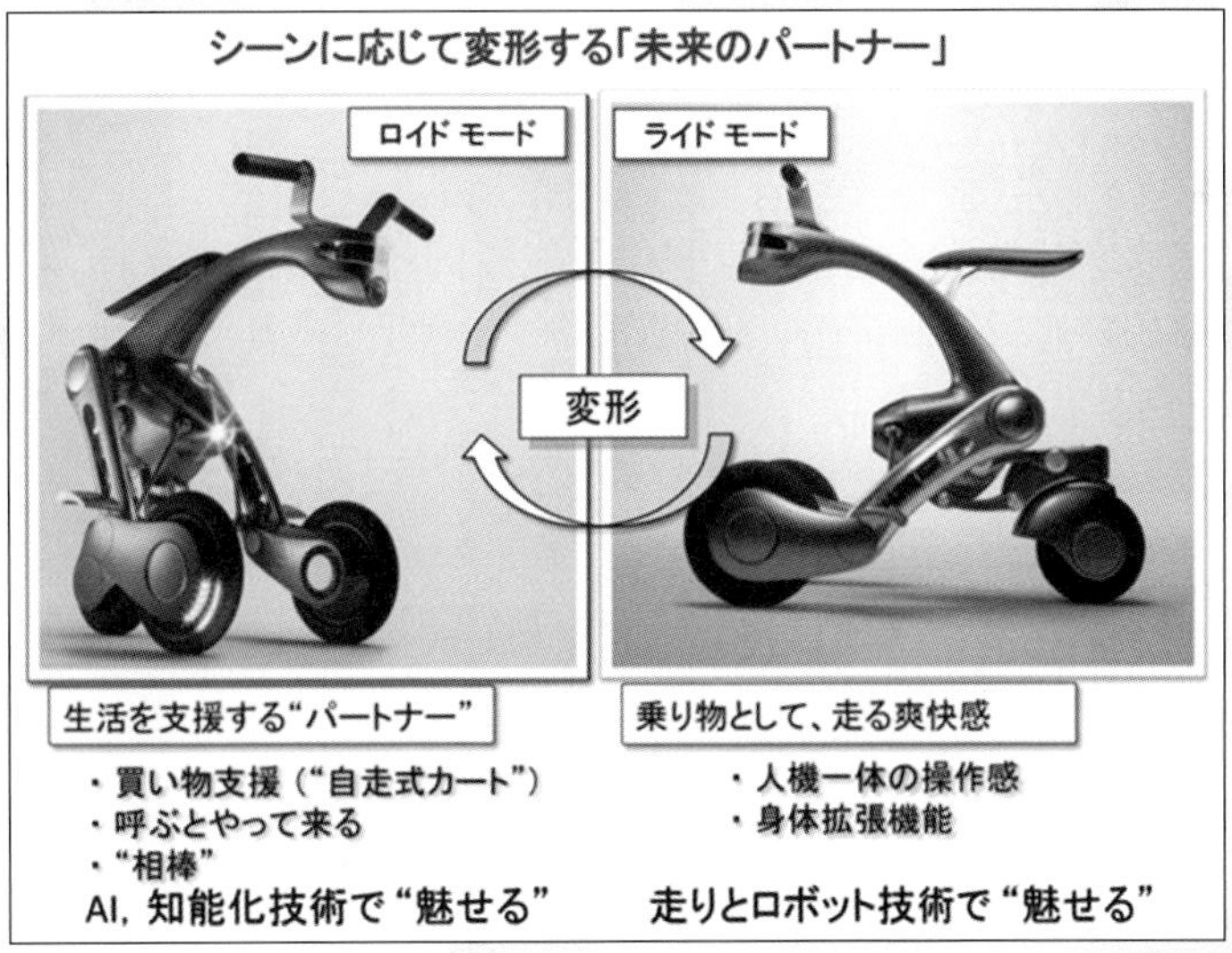
シーンに応じて変形する「未来のパートナー」
ロイド モード
ライド モード
変形
生活を支援する“パートナー”
・買い物支援（“自走式カート”）
・呼ぶとやって来る
・“相棒”
AI，知能化技術で“魅せる”
乗り物として、走る爽快感
・人機一体の操作感
・身体拡張機能
走りとロボット技術で“魅せる”

CanguRoの特徴は自転車のように人間が乗って移動するために使用する「ライドモード」と、人が歩くあとをついてきてくれる「ロイドモード」の2つのモードがあることだ。この2つのモードで、それぞれ電動変形して人をサポートするようにできているんだ。センサーとしては3次元レーザーセンサー、広角カメラ、後部距離センサーを備えている。

人に寄り添うようについてきてくれるロイドモード（ロイドとはロボットのことだ）は、あとを追ってついてきても違和感がないようにコンパクトなサイズにまとめた。また、ロイドモードでは、スマートフォンやタブレットで位置を指定すると、その位置に自動走行してくれるscanSLAM機能を搭載している。

ライドモードに変形すると、サドルが出てきて座ることができ、前輪近くの足置きに足を置いてバイクのようにハンドルを回して速度を調節する。旋回するときにはCanguRo自体が傾いて回転半径を小さくし、高速で乗っている人が気持ちよく回転できるようになっている。まるでスキー場でスラロームをしながら滑っているようだ。CanguRoの本体にはボディソニックスピーカーが内蔵されている。このスピーカーにより移動時には速度に合わせてサドルに振動を起こす。速度を振動として直感できるようになっているんだ。

fuRoで開発リーダーを務めた古田貴之さんは「馬は乗り物であると同時にパートナーでもある。ロイドモードでは荷物運びで買い物を支援してくれる」と語っている。馬をコンセプトにし、現代の最新のロボット技術（ロボティクス）と、AI技術を融合させて生まれたのが、このCanguRoなわけだね。

CanguRoは市街地で使用するようには考えられていないようだけれど、ときには友だちのように寄り添い、ときには気持ちいい乗り物になるなんて、早く乗ってみたいね。

開智高等学校

心豊かな創造型・発信型の国際的リーダーを育成する

「勉強ばかり」というイメージの開智高校ですが、開智高校の最大の魅力は「多彩な学びのフィールド」にあります。

勉強もしっかり、学校行事や部活動もしっかり

私立進学校と言えば「常に勉強」というイメージを持つ人が多いと思います。もちろん開智高校は進学校と言われていますので、大学進学に向けての学習はきちんと行っており、学習に対する環境も整っています。しかし、開智高校は決して「勉強ばかり」の学校というわけではありません。

開智高校は、「国際社会に貢献するリーダーを育成する」という教育方針をもとにして教育を行っています。単に勉強ができるというだけではリーダーには成り得ません。周囲から尊敬される真のリーダーとしての素養は、様々なことを自主的に体験していくことで培われます。

開智高校では、勉強以外の部活動、生徒会活動、学校行事、その他様々な活動も生徒それぞれの意志で積極的に行うことを推奨しています。

たとえば行事を例にあげると、全生徒が一体となって行う大きな行事が、「文化祭」「体育祭」「球技祭」「ロードハイク」の4つあり、この行事はすべて生徒自身が作り上げます。教員はこれらの行事に一切口を出しません。日程だけは伝えますが、生徒会の指示のもと、各実行委員会が、委員長を中心に1年間かけて企画から当日のタイムスケジュールまで、入念に練り上げじっくりと作り上げていきます。教員が主導ではないので、完璧なものとは言えないかも知れませんが、そこが開智高校の魅力でもあります。

開智高校の部活動

開智高校の部活動は週4回、1・2年生は月曜日と木曜日の7時間目と8時間目に数学と英語の特別講習を行うため、この2日間は部活動ができません。

3年生においては月曜日から土曜日までの放課後3時間の講座が実施されていますが、部活動を引退するまでは、部活動のない日は講座に参加し、部活動のある日には、講座担当の先生に資料をもらうことで、部活動に集中することができます。

「学校行事」で説明したとおり、開智高校では部活動でも生徒が主体となり、顧問の先生と練習日や練習内容を調整しながら活動します。先生も顧問として練習に加わり、良きアドバイザーとして指導も行います。

開智生は、短い活動時間の中で、それぞれが目的を持って活動しています。運動部はすべての部活動が良い結果を得られているとは言えませんが、中には関東大会や県大会に出場し頑張っている部活動もあります。文化部においても同じで、

◆学校説明会（説明時間約80分）

日程		時間
8月18日	土	10：00～

※特待生でも国の就学支援金の支給対象になります。

◆入試説明会・個別相談会（説明時間約80分、個別相談約15分）

日程		入試説明会		個別相談会
9月29日	土	10：00～		10：00～16：30
10月20日	土	10：00～	13：30～	
11月17日	土	10：00～		
11月25日	日	10：00～	13：30～	
12月16日	日	10：00～		

※個別相談会のみ９月以降ＨＰにて予約が必要です。

全国大会で賞を取るなど優秀な部活動もあります。

この様に、自主的な活動の中、開智生は学習と両立しながら、有意義に高校生活を過ごしています。

「様々な活動を通して得られる成功体験によって、人として大きく成長できる」。これが開智高校の魅力です。勉強もしっかり行いたい、学校行事も部活動もしっかり行いたいと思っている生徒には、開智高校はぴったりの学校です。

「Tコース」「Sコース」「Dコース」開智の行っているシステム改革

開智高校では生徒の希望やニーズに合わせて様々な改革を行っています。現在の3つのコースはリニューアルして3年目になります。

3年前までは「S類」と「D類」の2つのコースで、東大・京大・一橋大・国立医学部等の最難関大学を志望する生徒が増えてきているのを受けて、「類」を「コース」と言う名称に変更し「Tコース」を新たに加えました。

「S類」「D類」の2コースの時には、3年間同じ「類」で学ばなければいけませんでしたが、リニューアル後は「Tコース」「Sコース」「Dコース」の3つの「コース」に分類されます。

そして2年次には各個人の「コース」が見直され再編成されます。1年次の学習成果をもとに理系、文系に分け、成績順にクラス編成されます。よって2年次には入学次での「Tコース」「Sコース」「Dコース」での区別はなくなります。

1年次のコースの振り分けは、入試の結果とクラス分けテストの結果で選別されますが、どのコースも授業内容は同じで、同じ教科書を使用し進度も同じです。2年次も理系、文系に分かれて授業が行われ、1年次と同様な授業が展開されます。

3年次には、将来の本人の進路に向けたクラス編成となり、理系、文系の国立大学志望型、理系、文系の私立大学志望型にクラス分けされ、進路別のカリキュラムによって授業時間や授業内容も変わります。

【卒業生に聞く】

「私が選んだ開智…」

私は開智高校にめぐり合えて本当に良かったと思っています。入学当初から医学の道に進もうと考えていましたので、そのような環境がしっかりと整備されていることにとても満足できました。学習環境は授業や講習がしっかりしているうえ、専門的な知識を持った先生方が多かったことです。

また素晴らしい友人にめぐり合えたことも目標を持って頑張れたひとつの要因

2017年度卒業　黒田　桃花
東北大学（医学部・医学科）入学

です。友人の良さは、将来の進路が違うのに真剣に私の話を聞いて、いろいろな相談にのってくれたことです。また、「学び合い授業」では、解らないことがあれば、みんなが親身になって教えてくれたことも大きな力となりました。

将来の目標を達成するためには、どんな教科の授業でもしっかりと参加し、ちょっとしたことでも役に立つと思って授業を受けることが大切です。

教育評論家 正尾佐の

高校受験指南書

【百四拾壱の巻】

不得意頻出問題3

国語

「不得意頻出問題」シリーズの最後は国語だ。国語の不得意と言えば、そのナンバー1は「意見文」なのだが、それは問題文が長くて、この誌面では載せきれない。

それで、ナンバー2の古文を取り上げることにする。

古文で最もよく出されるのは「説話」だ。説話というのは、人々の間に語り継がれた〝お話〟だ。

いまはだれでも文字を読み書きできるので、本などで読むのが普通だが、昔は文字を読める人は限られていた。一般の人々は、口で語り、耳で聞いたのだった。

初めて聞いて、「えっ！」と思うような話は、大抵ほかのだれかに教えたくなる。それが説話だ。ストーリーは単純なものがほとんどなので、高校入試で出しやすいのだ。

今回はお茶の水女子大附属の問題を取り上げよう。問いは一から五まであり、紙幅の問題で問五だけは解説できないが、それ以外を解説していく。

こんな説話が出題された。

[注1]嘉祥寺僧都《かじゃうじのそうづ》海恵《かいゑ》といひける人の、いまだ若くて病大事にて、①限りなりけるころ、寝入りたる人、にはかに起きて、「そこなる文《ふみ》、[注2]など取り入れぬぞ」と、厳しく言はれけれども、さる文なかりければ、②うつつならずおぼえて、前なる者ども、あきれあやしみけるに、③自ら立ち走りて、[注3]明かり障子《しゃうじ》をあけて、[注4]立文《たてぶみ》をとりて見ければ、者ども、まことにふしぎにおぼえて見る程に、これを広げて見て、④しばしうち案じて、返事《かへりこと》書きてさし置きて、⑤又やがて寝入りにけり。

起き臥《ふ》しもたやすからずなりたる人の、いかなりける事にかと⑥あやしみける程に、しばし寝入りて、汗おびただしく流れて、起き上がりて、「ふしぎの夢を見たりつる」とて語られける。

「大きなる猿の、[注5]藍摺《あゐず》りの[注6]水《すい》干《かん》着たるが、立て文たる文を持ちて来つるを、人の遅く取り入れつるに、自らこれを取りて見つれば、歌一首あり。

Ⅰ　たのめつつこぬ年月を
かさぬれば朽ちせぬ契り
いかがむすばん

とありつれば、御返事には、

Ⅱ　心をばかけてぞたのむ
[注7]ゆふだすき[注8]七のやしろの
[注9]玉のいがきに

と書きて[注10]まゐらせつるなり。

これは、[注11]山王《さんわう》よりの御歌を[注12]たまはりてはべるなり」と語られければ、前なる人、あさましく、ふしぎにおぼえて、「これは、ただ今、うつつにはべる事なり。これこそ御文よ。又、書かせ給へる御返事よ」と⑦言ひければ、[注13]正念に住して、前なる文どもを⑧広げて見けるに、つゆたがふ事なし。

その後、【X】怠りにけり。いとふしぎなり。

（『今物語』による。本文を改めたところがある）

［注1］　嘉祥寺僧都海恵…仁《にん》和《な》寺《じ》の僧で、守覚法親王《しゅかくほっしんのう》の弟子《でし》（一一七二〜一二〇七）。

［注2］　など取り入れぬぞ…どうして取り入れないのだ。

［注3］　明かり障子…明かりを取り入れやすいように白く薄い紙を張った障子。

［注4］　立文…書状を細長くたたんで紙で巻き、さらに「表《うわ》巻き」という白紙で包み、上下の端を折ったもの。正式な包み方をした書状。「立て文たる文」も同じ。

［注5］　藍摺り…山藍の葉で模様を摺りつけたもの。

［注6］　水干…糊《のり》を用いずに水張りにして干した布で作った狩衣《かりぎぬ》（平安時代の男性の平服）の一種。

［注7］　ゆふだすき…木綿《ゆう》（木の皮を裂いて糸状にしたもの）で作ったたすき。神事を行う際に神官がかける。

［注8］ 七のやしろ…日吉《ひえ》山《さん》王社《のうしゃ》の上七社、中七社、下七社のうち、特に信仰された上七社を指す。

［注9］ 玉のいがき…社殿を囲む神聖な美しい垣根。

［注10］ まゐらせつるなり…差し上げたのである。

［注11］ 山王…日吉山王社の神。

［注12］ たまはりてはべるなり…いただいたのです。「はべる」は丁寧の意味を添えている。

［注13］ 正念に住して…精神を統一して。一心に神仏を念じて。

長～い文だね。もともと口で話したものだから、「、」でつながっていて、なかなか「。」が出てこない。だが、説明の都合上、句点ではなく、適当な読点のところで切ることにする。

嘉祥寺僧都海恵といひける人の、いまだ若くて病大事にて、①限りなりけるころ、

＝嘉祥寺の僧都（＝僧侶の高い位）で海恵といった人が、まだ若くて、病気が重くて、①限りなりけるころ、

説話では、大抵主人公が最初に出てくる。「ふ～ん、海恵というお坊さんの話だ」と思ったら、すぐに問一だ。

問一、傍線部①「限りなりけるころ」の解釈として最も適切なものを次の中から選び、記号で答えなさい。

ア、我慢できなかった時

イ、苦しくなかった時

ウ、死ぬ間際だった時

エ、治ろうとしている時

オ、熱が下がった時

直前に「病大事にて」とあるし、「限り」が『命の限り』という意味、『臨終』のことだとわかる人には易しい。

あとに「起き臥しもたやすからずなりたる人」とあるのも、ヒントになるだろう。

正解

① ウ

さあ、続きを読み進めていこう。

寝入りたる人、にはかに起きて、「そこなる文、など取り入れぬぞ」と、厳しく言はれけれども、さる文なかりければ、②うつつならずおぼえて、前なる者ども、あきれあやしみけるに、

＝寝込んでいた人が、急に起きて、「そこにある手紙を、どうして取り入れないのか」と、厳しくおっしゃったけれども、そういう手紙はなかったので、②うつつならずおぼえて、(病床の）前にいた人たちは、驚き変に思ったところ、

傍線部②は、問一の続きで解釈問題だ。

問一、傍線部②「うつつならずおぼえて」の解釈として最も適切なものを次の中から選び、記号で答えなさい。

ア、勘違いをしているように思えて

イ、正気ではないように思えて

ウ、他の人の言ったことを思い出して

エ、病気になる前のことを思い出して

オ、夢の出来事を覚えていて

「うつつ」には漢字「現」を当てる。『現実』とか『正気』という意味だが、傍線部だけを見て、文の意味を理解できる人は、相当の力を持っている人だ。

やはり、傍線部の前までの話の流れをつかむのが大切で、最もミス＝誤読が少ない。

重病で、死が近いと思われていた人が、急に寝床から起き上がって、「手紙を受け取れ」と言ったが、そんな手紙などない。当然、みんなは重病人の心は正常ではない、というのが話の流れだ。

こういう流れが理解できれば、答

えはすぐわかる。

正解 ② イ

自ら③立ち走りて、明かり障子をあけて、立文をとりて見ければ、者ども、まことにふしぎにおぼえて見る程に、これを広げて見て、④しばしうち案じて、返事書きてさし置きて、又やがて⑤寝入りにけり。

＝自分で③立ち上がって走って、明かり障子を開けて、立文を取って見たので、ほかの人たちが、本当に奇妙に思って見ていると、これ（＝立文）を広げて見て、④しばしうち案じて、返事を書いて置いて、また、やがて⑤寝込んでしまった。

傍線部の問いはこうだ。

問一、傍線部④「しばしうち案じて」の解釈として最も適切なものを次の中から選び、記号で答えなさい。
ア、すぐにあきらめて
イ、少しの間考えて
ウ、瞬時に判断して
エ、長い間黙っていて
オ、何度もうなずいて
問二、傍線部③「立ち走りて」・⑤「寝入りにけり」の主語は次のうちどちらですか。それぞれ記号で答えなさい。
ア、海恵　イ、前なる者ども

傍線部④の「しばし」は現在でも用いられる。「案ず」は『（深く）考える』という意味で、大学入試でも問われるから、いまのうちに覚えておくとよい。

正解 ④ イ

③も⑤も主語は海恵であるのは、もう述べたね。

正解 ③ア　⑤ア

起き臥しもたやすからずなりたる人の、いかなりける事にかと⑥あやしみける程に、しばし寝入りて、汗おびただしく流れて、起き上がりて、「ふしぎの夢を見たりつる」とて語られける。

＝寝起きも簡単にできなくなっている人が、どうしたことだろうかと、⑥変に思っているうちに、少しの間寝込んで、汗が激しく流れて、起き上がって、「妙な夢を見ていた」と言ってお話しになった。

問二、傍線部⑥「あやしみける」の主語は次のうちどちらですか。記号で答えなさい。
ア、海恵　イ、前なる者ども

これは、海恵を不思議に思った人たちだね。

正解 イ

「大きなる猿の、藍摺りの水干着たるが、立て文たる文を持ちて来つるを、人の遅く取り入れつるに、自らこれを取りて見つれば、歌一首あり。

Ⅰ　たのめつつこぬ年月をかさぬれば朽ちせぬ契りいかがむすばん

とありつれば、御返事には、

Ⅱ　心をばかけてぞたのむゆふだすき七のやしろの玉のいがきに

と書きてまゐらせつるなり。

＝「大きな猿で、藍摺りの水干を着た猿が、立て文たる文（＝立文）を持ってきたのを、ほかの人がすぐには受け取らなかったので、海恵自身がこれを受け取って見たところ、歌が一首書いてあった。

Ⅰ　（私の社《やしろ》へお参りに来ると言ったおまえの言葉を）何度もあてにしながら来ない年月を重ねてきたからムダにならない約束をどう結べようか

とあったので、お返事として、

Ⅱ　（私の）真心をかけて頼りとする木綿襷《たすき》よ上七社の神聖な玉垣に

と書いて差し上げたのだ。

不意に、難しい和歌が登場するので、驚かされるね。お茶の水女子大附属ほどの学校になると、こんな大学入試問題に近い文章が出されるのだ。

だが、これだけではさっぱり文意がわからない。この歌の説明がこのあとにある。

これは、山王よりの御歌をたまはりてはべるなり」と語られければ、前なる人、あさましく、ふしぎにおぼえて、「これは、ただ今、うつつにはべる事なり。これこそ御文よ。又、書かせ給へる御返事よ」と⑦言ひければ、正念に住して、前なる文どもを広げて⑧見けるに、つゆたがふ事なし。

その後、【X】怠りにけり。いとふしぎなり。

＝これは、山王の神様からのお歌をいただいたのです」と（海恵が）お話しになったので、そばにいる人は、意外で、不思議に感じて、「これは、たったいま、実際に起きたことです。これこそ（神様からの）お手紙だよ。また、（海恵さんが）お書きになられたご返事だよ」と⑦言ったので、精神を統一して、目の前にある手紙を広げて⑧見ると、まったく（夢で見たのと）違ってはいなかった。

その後、【X】は治ってしまった。とても不思議である。

問二、傍線部⑦「言ひけれ

「ば」・⑧「見けるに」の主語は次のうちどちらですか。それぞれ記号で答えなさい。

ア、海恵　イ、前なる者ども

⑦は海恵に対して周りに人が言ったことで、⑧はそれを受けて海恵が手紙を広げた、ということだね。

正解　⑦＝イ　⑧＝ア

日吉山王神社の神の使い＝猿が死ぬ寸前の海恵のもとへやってきた。山王の神様の気持ちを伝えるためだった。

山王の神と海恵のやりとりは、歌に表現されているが、かなり難しい。問三の選択枝を見て、それを手がかりにすると、理解が進むだろう。

問三、Ｉ「たのめつつこぬ年月をかさぬれば朽ちせぬ契りいかがむすばん」・Ⅱ「心をばかけてぞたのむゆふだすき七のやしろの玉のいがきに」の歌に込められたものとして最も適切なものを次の中から選び、それぞれ記号で答えなさい。

Ｉ「たのめつつこぬ年月をかさぬれば朽ちせぬ契りいかがむすばん」

ア、海恵が参詣すると言ったので、会うことを楽しみにしている山王の神の喜び

イ、海恵が参詣すると言ったのに、参詣しないことに対する山王の神の不満

ウ、海恵が参詣すると言ったものの、手紙だけ送ったことへの山王の神の失望

エ、山王の神が長年にわたり願いを聞いているのに、無視している海恵の厚顔さ

オ、山王の神が何度も何度も現れるので、会う約束をし続けている海恵の苦しみ

Ⅱ「心をばかけてぞたのむゆふだすき七のやしろの玉のいがきに」

ア、海恵に期待している山王の神の依頼心

イ、海恵を戒めようとしている山王の神のたくらみ

ウ、山王の神から離れようとしている海恵の自立心

エ、山王の神へ対抗している海恵の意地

オ、山王の神を頼りにしている海恵の信仰心

歌の現代語訳をじっくり読んでほしい。そうすれば、正答がわかるはずだ。

正解　Ｉ＝イ　Ⅱ＝オ

では、最後に【Ｘ】の問いだ。

問四、【Ｘ】に入れるのに適切な語を、本文中から漢字一字で抜き出して答えなさい。

これは、【Ｘ】の直後の「怠り」の問題だ。「怠り」は『なまけ』という意味ではなく、『（病が）治り・よくなり』という基本語だ。

問題文の冒頭に、「病大事にて」とあるので、すぐに見つかる。

正解　病

和歌を含む古文を、毎年のように出題する高校を志望している人は、歌の解釈力を高める練習が大切だ。

東大入試突破への現国の習慣

田中コモンの今月の一言！

「許す・許さない」の境界にもグレーゾーンが必要なのですよ

田中《たなか》としかね先生

早稲田アカデミー教務企画顧問

東京大学文学部卒業
東京大学大学院人文科学研究科修士課程修了
著書に『中学入試日本の歴史』『東大脳さんすうドリル』など多数。文教委員会委員長・議会運営委員会委員長を歴任。

慇・懃・無・礼?! 今月のオトナの四字熟語「許容範囲」

友人と些細《ささい》なことでけんかをしてしまい、仲直りをしたいと思いながらも、お互いに意地を張りあってどうにもならない状況に陥ってしまった……という中学生あるある的な報告を教え子君から受けました。一体どんな理由でけんかになったのか？　を聞いてみて驚きました。英作文の問題でbe動詞と一般動詞を並べて使ってしまった友人（I am study なんていう間違いですね）をからかったところ、それ以来口もきいてくれないというのです。「からかったことは悪いと思って謝りましたよ。でも、間違いは間違いなんだから、逆ギレされても困ります」というのが教え子君の言い分です。けれども友人君にしてみれば、ミスを馬鹿にされたというのは「絶対に許せない！」と感じるできごとだったのでしょうね。まるで自分を否定されたかのように思えて、もう相手とは口もききたくないという態度をとりたくなるという。それに対して教え子君は、間違いを指摘しただけで悪気があったわけではないのだから、「それぐらい許してよ！」という軽い気持ちだったのでしょうね。友人の態度を逆ギレだとさえ思っているのですから。ことほどさように、「許す・許さない」の境界というのは、人それぞれということができると思います。

そこで今月の四字熟語として取り上げてみようと思ったのが「許容範囲」になります。「許容」という熟語の意味は「そこまではよいとして認める」ということですよね。「大目にみる」と言い換えることもできます。つまり許容範囲というのは「大目にみることのできる範囲」ということで「ここまでは許せる」という限度になるわけです。逆にこれを超えてしまうと「許すことができない」ということになり、怒りに火がつくのですね。

ところで私たちを怒らせるものの正体は何なのでしょうか？　それは自分自身の中にある「こうであるべきだ」という思い込みそのものだと思います。相手の対応が、自分の思う「べき」という範囲に収まっていれば１００点満点で「どうぞどうぞ！　ウエルカムですよ！」という対応になるでしょう。それに対して、自分の「べき」が相手によって裏切られたと感じてしまうと怒りがこみ上げてくるのです。「違う違う！　そうじゃないでしょ！」という怒りですね。相手に対して０点をつけてしまうのです。けれども１００点か０点か、二つに一つしかないというのはあまりに極端だと思いませんか。その間に、１点から99点の間で対応の幅があってしかるべきです。ところが怒りの感情に振り回されてしまいがちな思春期の中学生の皆さんにとっては、「許せる」ゾーンを外れたらすぐさま「許せない」という極端に走ってしまうことの方がむしろ自然な反応なのでしょう。ですから何とかここはオトナの対応を身につけてほしいと思います。それが許容範囲というわけなのです。

できれば皆さんには「まあ、許せる」というゾーンを広げてほしいのです。「まあ」って何ですか！ そんないい加減な基準なんてありません！ という声が聞こえてきそうですが、自分の考える「べき」とは少し違うけれども、許容できる範囲だということです。「そういうこともあるかもしれないね」と、許してしまえれば多くのことが気にならなくなり、無駄なイライラは減るはずなのです。もちろん「怒るな」と言っているのではありません。怒る必要のあることはしっかりと怒るべきです。それでも怒ってばかりでは疲れてしまいますよね。そのための「まあいいか」という許容範囲を自分なりに見極めていく必要があるのですよ。

それはこのコーナーで掲げている「グレーゾーンに照準」というオトナの態度を身につけることでもあります。ここであらためてグレーゾーンという言葉の意味を考えてみましょう。英語では〝gray zone〟と書きます。文字通り「灰色の領域」すなわち「ものごとの中間の領域」を意味する言葉になります。二つの明確な立場をそれぞれ白と黒に見立てて、その間の段階的なグラデーション（色彩の連続的な変化）の部分を示しているのです。「許せる」を白だとすると、「許せない」が黒になり、その間に灰色の領域として「まあ、許せる」というゾーンが広がっていると考えるのですね。許容範囲であるグレーゾーンを大きくとるためには、自分とは違う価値観を受け入れる必要があるのです。

教え子君はその後どうなったのかといいますと、サッカーワールドカップの熱戦が連日繰りひろげられていた最中、日本代表として活躍していた柴崎岳選手はすごいよね！ という話題で意気投合して、何ごともなかったかのように友人と話をすることができるようになったとのことです。「パススピードと判断が速いよね！ 視野が広いし、司令塔としての働きは抜群だよね！」といった具合です。共通の関心事がきっかけとなって、いつもの二人に戻ることができたというパターンですね。心配して損した、とは思いませんが、「大迫勇也選手はハンパないねという話はしなかったの？」という筆者の質問には「特にしていません」という返事でした。でもせっかくですからまじめにお話しした許容範囲のことは覚えておいてくださいよ。何はともあれ良かったです。

グレーゾーンに照準！ 今月のオトナの言い回し「思い半ばに過ぐ」

中学生の皆さんが口にすることはほとんどないだろうという意味でも極めてオトナ度の高い言い回しになります。そもそも聞いたことがあるでしょうか？ というレベルかもしれませんね。それでも言葉の意味をしっかりと考えれば、その内容は理解できます。語句の意味を問う入試問題として出題されてもおかしくない故事成語ですので、この際しっかりと覚えておいてください。出典は中国の古代の書物『易経《えききょう》』からです。儒教の経典である五経の一つになります。ちなみに五経というのは『詩経《しきょう》』『書経《しょきょう》』『易経』『春秋《しゅんじゅう》』『礼記《らいき》』の五つですからね。この中でも特に易経が重要だというのには、わけがあります。儒教の開祖である孔子が50歳を前にして、易経をもう一度学び直し、あらためて人間や社会のあり方について考えを深めたという言い伝えがあるからなのです。三千年以上前に成立した書物ですが、現代においても古びることのない、極めて示唆に富んだ人間についての考察が含まれています。かつてこのコーナーで取り上げた四字熟語である「君子豹変《くんしひょうへん》」という言葉も、この易経が出典だったりしますよ。

さて「思い半ばに過《す》ぐ」の意味ですが、文字通りに解釈すると「思い当たるところが、全体の半分以上ある」ということになります。ここから「想像できることが多く、全部を見たり聞いたりしなくても、十分に推し量ることができる」という意味になるわけです。

こんな例文はいかがでしょうか？「教え子君の今回の定期テストの結果については、思い半ばに過ぎるものがある。」さて、何に思い当たることがあるというのでしょうか。どのようにテスト対策の勉強を進めてきたのか、その全てを見て確認したわけではないけれども、日々の過ごし方を考えれば、結果については十分に推察することができるというわけですね。もちろんよい方にも悪い方にも想像することができるわけですが、すべては日頃の取り組み次第、ということでもあります。今回の用法では「だから前もってしっかりと準備しなさいと言ったでしょうに！」という注意を受けている姿が目に浮かびます。いい意味で想像を裏切ってほしいものでもあるのですが、想定内のケースがほとんどでしょう。三千年前から「そんなうまい話はない！」ということを教えてくれているのですよ。

点Fをとると、高さが等しく底辺の長さが2倍の三角形は、平行四辺形の面積と等しくなるので、平行四辺形ABCD＝△DCF

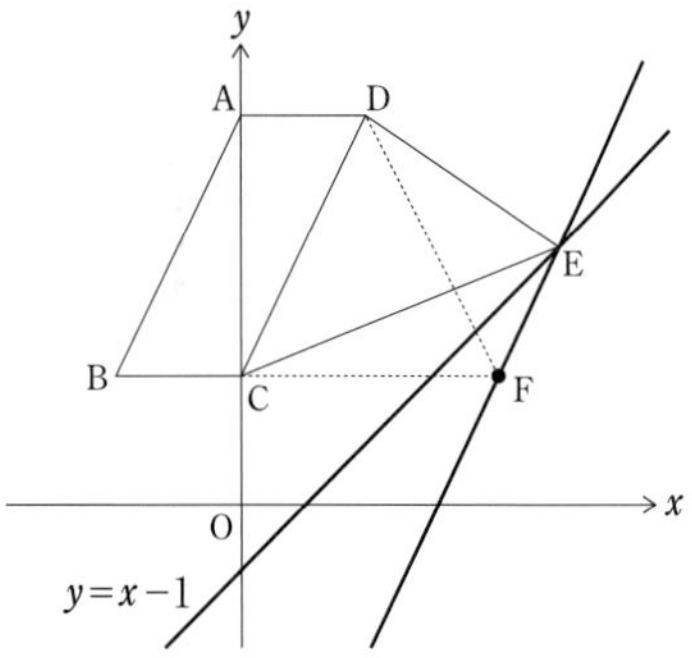

よって、平行四辺形ABCDの面積と△DCEの面積が等しいとき、

△DCE＝△DCF　⇒　DC//EF

D(2、6)より、DCの傾きは、$\frac{6-2}{2-0}=2$だから、直線EFは傾き2で、F(4、2)を通る。

よって、直線EFの式は、

$y=2(x-4)+2 \quad \Rightarrow \quad y=2x-6$

これより、求める点Eの座標は、$y=x-1$と$y=2x-6$との連立方程式の解として求められる。

⇒　**E(5、4)**

次のように、面積を２等分する直線の式を求めるものも、入試問題には多く取り上げられるテーマになっています。

問題2

座標平面上に４点A$(t,\ t^2)$, B$(-t,\ -t+6)$, C$(-t, 0)$, D$(t, 0)$ がある。ただし，$t>0$とする。

AD：BC＝1：5であるとき，次の問いに答えよ。

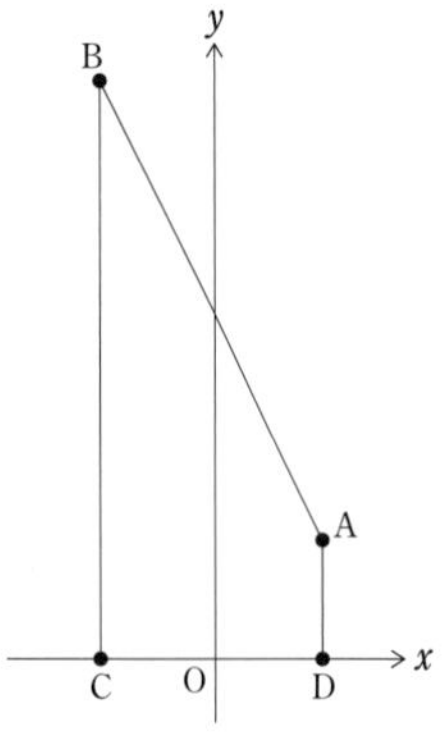

(1)　tの値を求めよ。

(2)　直線ABの式を求めよ。

(3)　直線ABと平行で四角形ABCDの面積を２等分する直線の式を求めよ。　（城北）

<考え方>

(3)(2)の直線と辺BC、辺CDとで囲まれた三角形の面積を文字で表し、面積についての方程式を作ります。

<解き方>

(1)AD＝t^2、BC＝$-t+6$だから、$t^2:(-t+6)=1:5$が成り立つ。

⇒　$5t^2=-t+6$　⇒　$5t^2+t-6=0$

⇒　$(t-1)(5t+6)=0$

これより、$t=1$、$-\frac{6}{5}$　⇒　$0<t<6$だから、$\boldsymbol{t=1}$

(2)(1)より、A(1、1)、B(−1、5)だから、直線ABの傾きは、$\frac{1-5}{1-(-1)}=-2$

よって、直線ABの式は、

$y=-2(x-1)+1$　⇒　$\boldsymbol{y=-2x+3}$

(3)　四角形ABCDはAD//BCの台形だから、その面積は、$\frac{1}{2}\times(1+5)\times2=6$

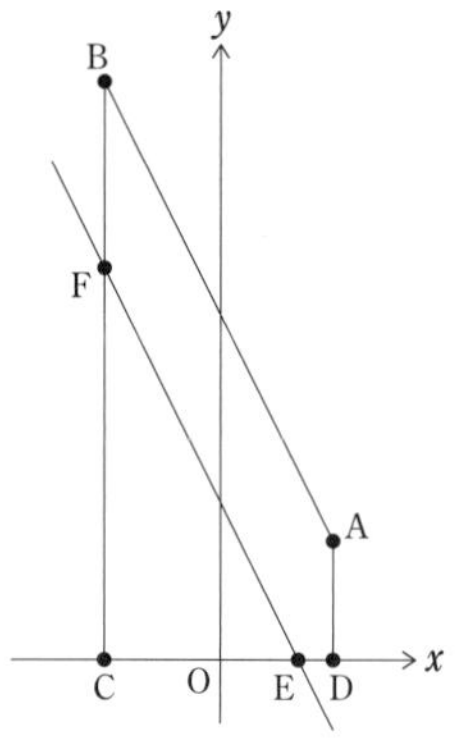

また、求める式を、

$y=-2x+k$ (…①) とおいて、直線①と辺ADまたは辺CDとの交点をE、辺BCとの交点をFとする。

$k=2$のとき、直線①は点Dを通る。このとき四角形ABFD＝1×2＝2だから、$k<2$でなくてはならない。

また、$k=-2$のとき、直線①は点Cを通るから、$k>-2$である。

したがって、$-2<k<2$であり、このとき、点Eは辺CD上にあり、その座標は $(\frac{k}{2}$、$0)$。

また、F$(-1$、$k+2)$だから、CE＝$\frac{k}{2}+1$、CF＝$k+2$

これより、△CEF＝$\frac{1}{2}\times(\frac{k}{2}+1)\times(k+2)$だから、直線①が四角形ABCDの面積を２等分するとき、

$\frac{1}{2}(\frac{k}{2}+1)(k+2)=3$

両辺を４倍して、$(k+2)^2=12$　⇒　$k=-2\pm2\sqrt{3}$

$-2<k<2$だから、$k=-2+2\sqrt{3}$より、求める直線の式は、$\boldsymbol{y=-2x-2+2\sqrt{3}}$

関数と図形の複合問題は、関数だけでなく、方程式の解法や図形の定理をしっかりと身につけていなければ解くことができません。また、中3の後半に学習する「相似」や「三平方の定理」などを用いる場合も多いので、まずは、関数の式や交点の座標を求める基本練習を行ったうえで、できるだけ多くの問題にあたって、１つひとつ解法のパターンを身につけていくことが欠かせません。地道な努力は、必ず数学の総合力を引き上げることにつながります。頑張りましょう！

楽しみmath数学！DX

登木 隆司先生
早稲田アカデミー　第一事業部長
兼 池袋校校長

総合力が問われる 1次関数の応用問題

今回は１次関数の応用問題について、学んでいきましょう。

はじめに、よく見られる平行線と面積に関する問題です。

問題１

下図で，Oは原点，四角形ABCDは平行四辺形で，A，Cはy軸上の点，辺ADはx軸に平行である。また，Eは直線$y=x-1$上の点である。

点A，Bの座標がそれぞれ（0，6），（−2，2）で，平行四辺形ABCDの面積と△DCEの面積が等しいとき，点Eの座標を求めなさい。

ただし，点Eのx座標は正とする。（愛知県）

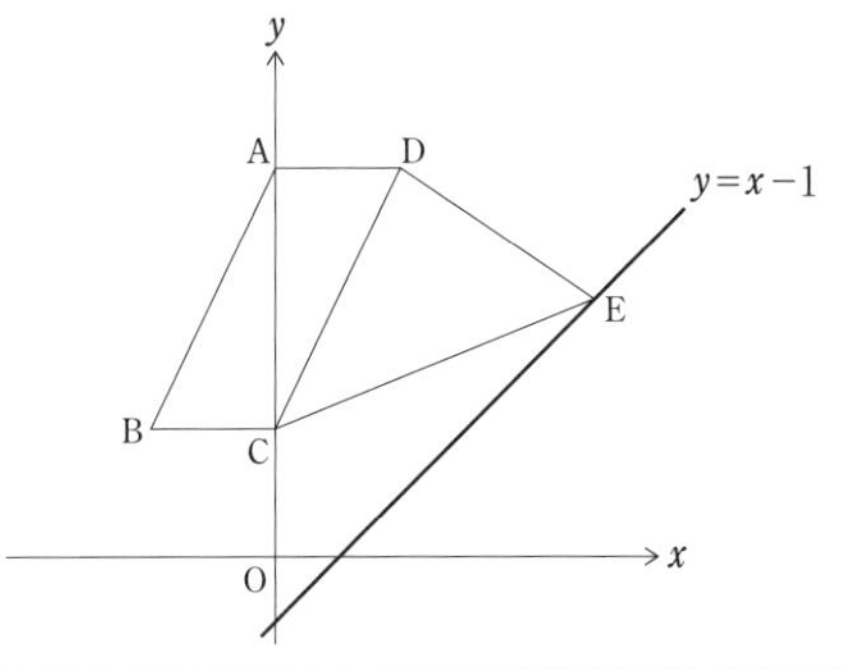

<考え方>

辺BCの延長上にCF＝2BCとなる点Fをとると、平行四辺形ABCD＝△DCFより、DC//EFとなることを利用します。

また、直線の式を求める際に、次の公式を覚えて使えるようにしておくと便利です。定点の座標が分数や根号を含むときなどは、とくに威力を発揮します。また、与えられた２点を通る場合の式を求めるときは、傾きを先に求めるとこの公式が使えます。

傾きm、定点(x_1、y_1)を通る直線の式

⇒　$\boldsymbol{y=m(x-x_1)+y_1}$

〔証明〕$y=mx+n$に（x_1、y_1）を代入すると、$y_1=mx_1+n$　⇒　$n=y_1-mx_1$

これをはじめの$y=mx+n$に代入してnを消去すると、$y=mx+y_1-mx_1$　より、$y=m(x-x_1)+y_1$

<解き方>

四角形ABCDは平行四辺形だから、C(0、2)より、BC＝2

右図のように、辺BCの延長上にCF＝2BCとなる

英語で話そう！

朝がちょっぴり苦手な中学３年生のサマンサは、父（マイケル）と母（ローズ）、弟（ダニエル）との４人家族。

ある日、サマンサが友人のリリーに前日のディナーで訪れたレストランについて話しています。

川村　宏一先生
早稲田アカデミー　事業開発部
英語研究課 上席専門職

Samantha：The restaurant my family went to last night was terrible.
サマンサ　：昨日の夜に家族で行ったレストランがひどかったわ。

Lily　　：You mean the food was bad?…①
リリー：食事がおいしくなかったってこと？

Samantha：Yes, and the food was also over-priced.
サマンサ　：そうなの。それに、値段もとても高かったしね。

Lily　　：How did you find that place? Did anybody recommend it to you?
リリー：どうやってそのお店を見つけたの？　だれかにすすめられたとか？

Samantha：No. We just dropped in by chance.…②③
サマンサ　：いいえ。たまたま立ち寄ったのよ。

Lily　　：That was unlucky.
リリー：運が悪かったわね。

今回学習するフレーズ

解説①　You mean ～?	「～ということですか？」 (ex) You mean you're going to quit your job? 「仕事を辞めるということですか？」
解説②　drop in	「立ち寄る」 (ex) Drop in anytime. 「いつでも立ち寄ってください」
解説③　by chance	「偶然に」 (ex) The technique was discovered by chance. 「その技術は偶然発見されたものだ」

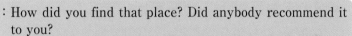

みんなの数学広場

問題編

答えは46ページ

初級～上級までの各問題に生徒たちが答えています。
どの生徒が正しい答えを言っているか当ててみよう。
もちろん、当てずっぽうじゃなく、実際に問題を解いてみてね。
今回は初級からいきましょう！

TEXT BY かずはじめ
数学を子どもたちに、楽しく、わかりやすく、使ってもらえるように日夜研究している。好きな言葉は、"笑う門には福来る"。

初 級

最近、大学の学生に以下の問題を出しました。
"120kmの距離を車で往復しました。
行きは道がすいていたので、平均時速60kmでした。
帰りは混雑し、平均時速は40kmでした。
このときの往復の平均速度は、時速何kmになりますか"

A

答えは・・・
50km
40kmと60kmの平均だから。

B

答えは・・・
52km
早い方に引っ張られると思うな。

C

答えは・・・
48km
計算するとこうなる気がするけど…。

上級

サイコロ1個を3回投げるとき、少なくとも2回、1の目が出る確率は？

A

答えは･･･

$\frac{1}{2}$

これぐらいは出るのでは？

B

答えは･･･

$\frac{25}{27}$

しっかり計算しないと。

C

答えは･･･

$\frac{2}{27}$

まあこれぐらいだよね。

中級

100人を対象に、商品Pと商品Qに関するアンケート調査を行いました。下表は、調査項目と集計結果です。

調査項目	回答	
商品Pは満足ですか？	はい	63人
	いいえ	37人
商品Qは満足ですか？	はい	88人
	いいえ	12人

このとき、商品Pも商品Qも両方満足していると回答した人は、最多で何人いますか。また、最少で何人いますか。

A

答えは･･･

最多で100人
最少で1人

B

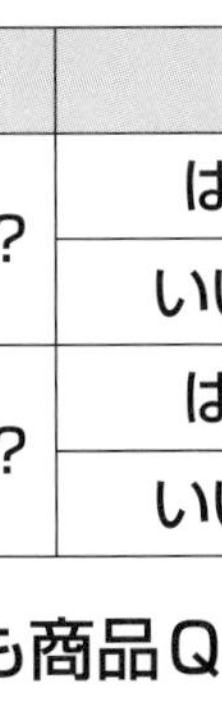

答えは･･･

最多で63人
最少で51人

C

答えは･･･

最多で88人
最少で63人

みんなの数学広場 解答編

初級

正解は C

行きは120÷60＝2時間

帰りは120÷40＝3時間

往復240kmを５時間かけて走ったので平均時速は

240÷５＝48kmです。

じつはこれ、平均のなかでも”調和平均“といい、統計学の１つなんです。

多くの大学生は時速50kmと答えていました（笑）。

A 見てそのまま判断したね？

B どうやって計算したのかな？

C やったね!!

上級

正解は C

1の目が少なくとも2回とは、3回中2回以上1の目が出ること。

したがって、3回中3回とも1が出る、3回中2回1が出る、この2通り。

よって順に…（3回中2回は3通りあることを忘れずに）

$$\frac{1}{6}\times\frac{1}{6}\times\frac{1}{6}+3\times\frac{1}{6}\times\frac{1}{6}\times\frac{5}{6}=\frac{2}{27}$$

A
さすがにそれはないのでは？
B
ケアレスミスだね～。
C
やったね!!

中級

正解は B

以下の「カルノー図」を考えます。
カルノー図は、2つの要素を同時に見るときにとても便利な図です。
商品Pも商品Qも両方満足していると回答した人をx人とします。

	Qに満足	Qに不満足	合計
Pに満足	x	$63-x$	63
Pに不満足	$88-x$	$x-51$	37
合計	88	12	100

ここで、人数はすべて0以上なので

$x\geqq 0$

$63-x\geqq 0$

$88-x\geqq 0$

$x-51\geqq 0$

この4つの不等式を解いて、$51\leqq x\leqq 63$なので最多で63人、最少で51人となります。

A
それじゃあ問題にならないでしょ。
B
やったね!!
C
カルノー図を見る限り惜しいかもね！

学習とクラブ活動に思いきり取り組める環境
全員が同じスタートラインから第1志望大学をめざす

保善高等学校［男子校］

HOZEN HIGH SCHOOL

School Information

所在地：東京都新宿区大久保3-6-2
アクセス：地下鉄副都心線「西早稲田駅」徒歩7分、JR山手線・西武新宿線・地下鉄東西線「高田馬場駅」徒歩8分
TEL：03-3209-8756
URL：http://www.hozen.ed.jp/

クラブ活動が盛んなことで知られる保善高等学校。運動部だけでなく、文化部も盛んで、生徒は伸びのびと自分の好きなことに打ち込んでいます。その一方で、1年次から個々の進路に合わせたクラスを編成し、将来を見据えた充実した進路指導を徹底しています。

創立から95年の歴史を誇る保善高等学校。東京・高田馬場という都心に位置しながらも緑に囲まれたキャンパスには、恵まれた運動施設や学習施設が整えられており、こうした環境のもとで生徒は文武両道に励み、近年、大学合格実績を伸ばしています。

1年次からクラスに分かれ高い意識を持ち学習に励む

「本校は併設する中学校も大学もない単独校です。生徒は入学するとみな同じスタートラインに立ち、1年次から第1志望の大学へ合格するという高い意識を持って学校生活を送っています」と入試広報部長の鈴木裕先生が話されるように、保善では、1年次から大学受験を意識したクラスが編成されます。それが「特別進学クラス」「大進選抜クラス」「大学進学クラス」の3つです。

「特別進学クラス」は国公立大や難関私立大への進学をめざします。週2回の7時限授業、国公立大の5教科7科目入試や医・歯・薬系の入試に対応できるカリキュラムが組まれているのが特徴です。

「大進選抜クラス」は、G−MARCHレベルの大学合格を目標とします。東京理科大・立教大・中央大・法政大・学習院大・青山学院大をはじめ、すでに難関私立大への合格結果を残しています。

また、昨年度からは特別進学クラスで総合的な学習の時間を使った新しいプログラム「未来考動塾」がスタートしました。

これは、知識をただ持っているだけではなく、その知識をどう活かすかが問われる場面が多くなっている現代社会を生き抜くために、「しなやかな知性」「豊かな感性」を磨くことを目的としたプログラムです。

「高1ではあるテーマについて個人、グループで調査をしたり、ディスカッションをしたりしながら、最終的に年2回のプレゼンテーションを行います。そのなかで『知の技法』を学んでいきます。

高2は、『知の深化』を目的に、12月の沖縄での修学旅行に合わせて、沖縄についての事前学習をさまざまな角度から行います。

高3では、集大成として、卒業論文の執筆を通して『知の創造』を実践していく予定です」と鈴木先生は説明されます。

昨年からスタートしたばかりですが、高1の1年間「未来考動塾」で

「知の技法」を学んだ特別進学クラスの現高2生は、授業などでの発言力や意見をまとめる力、表現力などが例年に比べて明らかに高まっているそうで、これからの展開が楽しみなプログラムと言えそうです。

「大学進学クラス」は中堅以上の私立大への進学をめざします。基礎学力を確実に養いながら、選択科目を多く用意し、個々の進路に合わせた指導を展開しています。

進級時に上位クラスを希望する生徒には、特進統一テストを実施し、条件を満たせば移動が可能です。

「わかるまで、納得するまで生徒と向き合う」というのが保善の教科指導であり、講習や補習が充実しているのも大きな魅力です。

放課後には各教科で補習が行われ、長期休暇にはクラスごとに習熟度別の講習が無償で用意されます。昨年は、のべ317もの講習が実施されました。

また、大学受験に効果的な英検の学習にも積極的に取り組み、全員に受験を義務づけています。

進路指導では、将来の職業までしっかりと考えてから大学、さらには学部・学科を選ぶよう指導がなされます。こうしたきめ細やかなサポート体制が合格実績の充実につながっているのでしょう。

運動部・文化部ともに盛ん クラブ加入者の進学率85％

「生徒にとってはあくまで勉強が第一ですが、クラブ活動も高校生活において大切です」と鈴木先生が話されるように、保善では、約75％の生徒がクラブに加入しています。

運動部は全国大会をめざす強化指定クラブのラグビー部、バスケットボール部、空手道部、陸上競技部、サッカー部を含む15、文化部は21（同好会含む）の部があります。そのなかには、文学散歩部や知的ゲーム部などユニークなものもあり、必要以上に女子の目を気にすることなく、自分の好きなことに伸びのびと打ち込めるのは男子校のよさといえるでしょう。

クラブ活動に時間をとられると勉強がおろそかになってしまうのではという心配があるかもしれませんが、「クラブ活動をしている生徒は有効な時間の使い方を身につけています」と鈴木先生。その言葉通り、今春の卒業生のうち、クラブ加入者の大学現役進学率は85％でした。

クラブ活動に積極的に取り組みながら、学習との両立で第1志望の大学をめざすことができる保善高等学校。最後に鈴木先生は「本校ではお互いの個性を認め尊重しあう、相手の気持ちや痛みをわかりあえる人材を育てています。みなさんも本校での3年間を通じて立派な男子へと成長できるはずです。文武両道を実践し、充実した学校生活を送りましょう」と話されました。

未来行動塾

高1では学習の成果として年に2回のプレゼンテーションを行います

運動部

サッカー部など、全国大会をめざす強化指定クラブを筆頭に、活発に活動する運動部

校庭（人工芝）

2015年（平成27年）8月に校庭が人工芝に改修され、教育環境がよりいっそう充実しました

学校説明会と施設見学

8月25日（土） 10月13日（土） 10月27日（土） 11月10日（土） 11月17日（土）
11月24日（土） 12月8日（土）

個別受験相談会

11月25日（日） 12月1日（土） 12月9日（日） 12月16日（日）
10：00～15：00

12月3日（月） 12月4日（火） 12月5日（水） 12月6日（木） 12月7日（金）
15：00～18：00

文化祭

9月23日（日祝） 9月24日（月振）
10：00～15：00

先輩に聞け！

大学ナビゲーター

東京理科大学

理学部第一部物理学科２年生

古谷《ふるや》 優輝《ゆうき》さん

アクセス良好な都心のキャンパスで物理学について学びを深めています

ハードな課題も仲間と乗り越える

──理学部第一部物理学科の特徴を教えてください。

「理学部第一部物理学科の学生が通う神楽坂キャンパスは、ＪＲ線や地下鉄の飯田橋駅からとても近いキャンパスです。他大学に通う友だちは、最寄り駅から大学までがかなり遠くて苦労していると聞くので、やはり駅から近いのは魅力だと思います。ただ、都心にあるぶん敷地はあまり広くありません。建物が並んでいて、大学というよりはオフィスのような感じがします。東京理科大はほかに葛飾、野田（千葉）、長万部《おしゃまんべ》（北海道）にキャンパスがあります。

物理学科ならではの特徴としては、東京大や京都大にあと数点で合格した、という優秀な人がたくさんいます。彼らは本当に頭がよくて尊敬できる存在なので、自分にとってもいい刺激になっています。また、教員養成にも定評があるため、教師をめざす人も結構いて、私も数学と理科の教員免許を取得するために教職課程を履修しています」

──どんなことを学んでいますか？

「物理学科は、『力学』や『電磁気学』といった物理分野の講義に加えて、物理学を学ぶうえで必要不可欠な数学についての講義があります。必修科目に『物理数学』という科目が設けられていて、物理学と数学を関連づけながら、『物理を理解するた

ベース歴は10年以上

軽音サークルに所属して、バンドを組んでいます。発表の場は大学の学園祭のほか、ライブハウスを借りてライブイベントを行うこともあります。

担当楽器はベースです。趣味として10年以上前から音楽教室で習っていて、いまも通っています。バンドのなかで「リズム隊」としてセットにされがちなベースとドラムは、音色を出せるか出せないかという点で大きな違いがあります。ベースの魅力は色々ありますが、1つは、曲の土台を支えつつ、ベースの低音で曲の雰囲気をも作り出せるところにあると思います。

途中式は紙に大きく書く

アルバイトで塾講師をしていると、計算式などを隅に小さく書く生徒が多いと感じるのですが、それだとミスが起

下段でも紹介したように、物理の計算を真っ白な紙に書き込む古谷さん。みなさんにもおすすめの勉強法だそうです。

古谷さんが愛用している2本のベースです。曲によって2本のベースを使い分けています。

めの数学』を学びます。入学当初は、この数学の講義がとてもおもしろく感じました。高校で学んだ数学よりも内容が深くて、大学ではこんなにすごいことが学べるんだと胸が高鳴りました。ただ、それはあくまで入学当初で、徐々に難しくなってきてからは苦戦していますが…（笑）。

そして2年生の後期や3年生になると、『量子力学』や『相対性理論』について学ぶ講義も履修するようになります。これらの分野は私が物理を深く学びたいと思ったきっかけでもあるので、学ぶのが楽しみです。

物理学科の講義以外で印象に残っているのは、教職課程の一環として履修した『体育』です。バレーボールや卓球、バスケットボールなど、多彩なスポーツを体験できて楽しかったですし、他学科の友だちがたくさんできたのも嬉しかったです」

――実験なども行うのですか？

「1年生のころから必修で『物理学実験』という科目があります。1年生では実験後に提出するのはレポートのみでしたが、2年生から発表もしなければならなくなったので大変です。週に1回の実験を3週（3回）実施したら、4週目に、その3回からどれか1つの実験をピックアップして、実験の方法、仮説、結果、考察などをパワーポイントを使いプレゼンテーションする、というものです。一通りプレゼンが終わると、教授とティーチングアシスタント※からの質問にも答えなければなりません。実験や発表は2人1組で行うので、ペアの子と協力しながら毎回なんとか完成させています。

協力といえば、テスト前には大学に夜遅くまで残って、友だちみんなで過去問対策をしています。大変ですが、なんだか部活動みたいで楽しいです。周りに恵まれていて、本当にありがたいなと感じています」

――今後の目標を教えて下さい。

「元々は物理学が好きで、大学院でも学ぶつもりでしたが、想像以上に物理学は奥が深く難解なので、進学するか就職するか、迷い始めています。どちらを選ぶにしろ、自分には厳しく、他人には優しく、相手の立場に立って物事を考えられるような人間になりたいと思います」

※講義を補助する大学院生

こりがちです。そこで、生徒にはあらかじめ手元に紙を用意しておいて、計算が必要な問題に出会ったら、その紙に堂々と書くように伝えています。紙は片面が書き込める状態であれば、広告でも裏紙でもなんでもOKです。

これは私も昔からやっている方法で、大学でも続けています。ノートはマス目や罫線《けいせん》で仕切られていますが、真っ白な紙であれば文字の大きさも位置も、すべて自分の好きなように書くことができるのでおすすめです。

夢がない人こそ勉強に力を入れて

みなさんのなかにはすでに将来の夢が決まっている人もいれば、まだ見つかっていない人もいるでしょう。夢がある人はその夢に向かって勉強を頑張る気になりますが、そうでない人はいまいち勉強に身が入らないかもしれません。でも、そんな人こそ、一生懸命勉強するべきだと思います。なぜなら、教養や学力を身につければ、それだけ将来の選択肢が広がるからです。いま手を抜いてしまうと、後々夢が見つかったときにきっと後悔するはずです。

また、高校や大学では自主的に学ぶ姿勢を求められることが多いので、いま学校や塾で与えられた課題をこなしているだけでは、この先困ってしまいます。中学生のうちから自分に必要な勉強を考えて、それを実行する癖を身につけておきましょう。

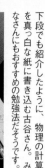

SSHの指定を受け 将来活躍する科学技術人材を育成

注目!!

中《ちゅう》央《おう》大《だい》学《がく》附《ふ》属《ぞく》高等学校

昨年度よりカリキュラムを再編し、さらに魅力的な教育を展開している中央大学附属高等学校（以下、中大附属）。体験を重視した教育で、大学受験にとらわれない幅広い教養を身につけることをめざし、今年度からはスーパーサイエンスハイスクール（SSH）に指定されました。その内容について3名の先生方にお話を伺いました。

学校説明会 予約不要

9月15日土　13:00
11月24日土　11:00

白門祭（文化祭）

9月22日土　9月23日日祝

コンピテンシーを設定し 潜在能力を引き出す

中大附属のSSHのテーマは「次代のイノベーションを担う大学進学後も活躍する科学技術人材を育成する教育課程の開発」です。

「このテーマに基づき、大学進学後も活躍する科学技術人材を育成するために、高校段階でどのような力が必要なのかを考え、それをもとに授業を組み立て、生徒の力を伸ばせたかどうかを大学の教員たちと連携しながら検証を進めていこうと考えています」と木川裕一郎校長先生。

その取り組みのキーワードとなるのが「コンピテンシー」です。「コンピテンシー」とは「単なる知識や技術だけではなく、技能や態度を含む様々な心理的・社会的なリソースを活用して、特定の文脈の中で複雑な要求（課題）に対応することができる力」のことです。

いままでは授業の内容を理解したかどうかをテストやレポートで判断していましたが、そうしたテストなどではかれない力として、行動力、議論する力、データ分析能力などの力をコンピテンシーとして具体的に14個設定しました。そのなかから身につけてほしいコンピテンシーを各授業で3つ以上提示します。

例えば、中大附属独自の教科「教養総合Ⅰ」では、「Project in Science Ⅰ」「グローバルフィールドワーク」「トランスサイエンス」「グローカルフィールドワーク」という4つの科目があり、さらにそれぞれに講座が用意されています。

その「Project in Science Ⅰ」のなかに、理科（生物）の岡崎弘幸先生が担当される「マレーシアの自然環境調査と観光資源開拓」という講座があります。この講座で設定されているコンピテンシーは「探究心」「情報収集能力」「課題設定能力」「課題解決能力」「他者の考えに向き合う力」「プレゼンテーション能力」の6つです。

「授業やマレーシアでの体験を通して、6つのコンピテンシーを育てていきます。マレーシアではランカウイ島を訪れ、現地の学生と交流しながら、植物や動物について調査して、最終的にランカウイ島のガイドブックを作り、マレーシアの政府観光局にプレゼンテーションします。コンピテンシーについては、我々教員だけではなく、生徒たち自身にも自己評価をしてもらい、自身の学びを振り返らせたいと思います」（岡崎先生）

そのほか、中大附属のSSHにかかわるプログラムとして、理系の論文を英語で読む「Project in English」やさまざまな講演会、そして、附属校ならではの充実した高大連携教育があります。

連携教育はこれまでも行われてきましたが、SSHに指定されたことで、高3で実施している卒業論文執筆の際に、理系クラスの生徒は実際に大学を訪れて理工学部の教授からアドバイスを受けられたり、大学の講義を大学生といっしょに受講できたり（1週間に約20講座が用意され最低2つ以上を受講）と、とくに理工学部との連携が深まりました。

「生徒の能力の伸びは、大学進学後も追跡調査し、本校のSSHに関する教育によってどのように成長できているかを調べます。コンピテンシーを設定したことで、多様な観点から生徒を評価できるようになったので、1人ひとりが持っている潜在能力をこれまで以上に引き出していけると考えています」と高瀬徹副校長先生が話されるように、将来に役立つさまざまな力を伸ばせる中央大学附属高等学校です。

科学技術人材を育成する魅力的な学習環境

施設

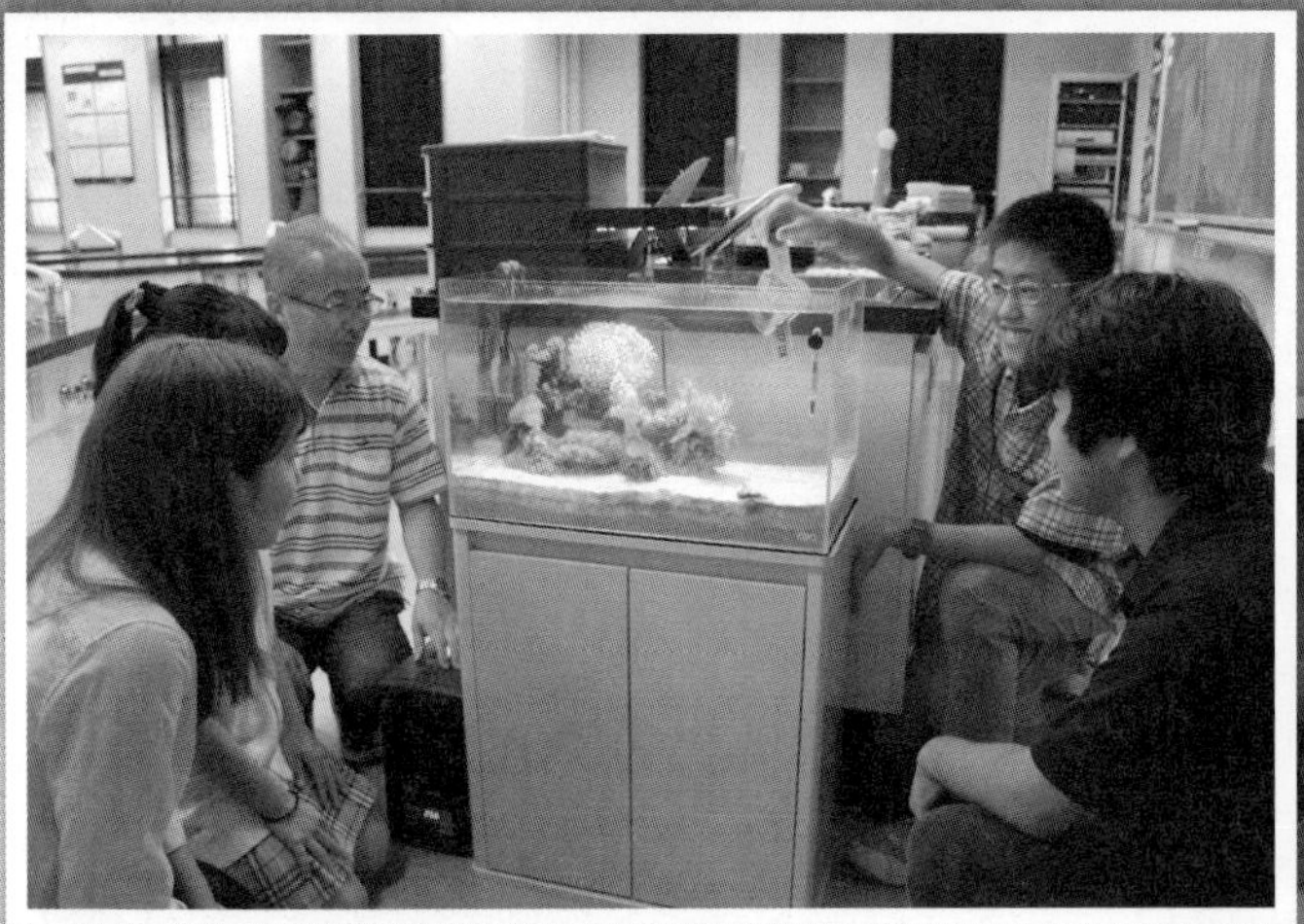

中大附属には実験室が6室あり、各実験室に本格的な設備が整えられています。SSH指定を機に新たな設備も導入され、例えばサンゴを育てるための水槽が設置されました。海水や砂を入れて海と同じ状態にし、センサーで温度や水質などを測定しながら飼育培養し、サンゴの白化（※）等に関する研究を行う予定です。
※海水の温度が高くなり、サンゴが真っ白になる現象

理科教育

従来から物理基礎、化学基礎の単位数を標準の２単位より多い３単位に設定し、実験を多く取り入れた授業を展開してきた中大附属。このたび生物基礎も３単位とし、上記の水槽をはじめ、色々な実験設備も充実しました。さらに、学校の実験室に泊まり込んで長時間の実験に取り組む「実験合宿」の対象学年も高３のみから全学年に広がり、理科教育は充実の一途をたどっています。

教養総合Ⅰ

リバークルーズでランカウイ島のワシタカ類を観察

ランカウイ島で5億5000万年前の地層を観察

教科横断型科目「教養総合Ⅰ」は、長年にわたり実施してきたフィールドワークを伴う体験型学習「研究旅行」のノウハウを活かして行っています。事前学習をふまえた実地調査やフィールドワーク、プロジェクト学習を経て、最終的に研究発表をするのが特徴です。右ページで紹介したマレーシア・ランカウイ島講座以外にも、以下をはじめとする計12の講座が設置されています。

- 「韓国の現代」を日本との関係から考える（韓国・ソウル）
- 中世都市クラクフとアウシュヴィッツ=ビルケナウ強制収容所（ポーランド・クラクフ）
- 光とオーロラの探究（ノルウェー・トロムソ）
- トランスサイエンス～フクシマとオキナワを通して近代化・科学技術を考える～（沖縄県）
- トレーニング科学（国内大学等研究施設）

など

※（　）内は行き先。

卒業論文

理系クラスの高３は、下記のような流れで自然科学分野の卒業論文に取り組みます。充実した設備を使えることに加え、右ページでも紹介したように、理工学部の教授からアドバイスを受けられるのも魅力です。2017年度（平成29年度）は「鳥の滑空飛行のメカニズムについて」「小金井市における外来植物の分布」といったテーマがありました。

■取り組みの流れ■テーマ設定→実験企画・設計→実験・観察→論文作成スキル・論文執筆→研究発表（理工学部）

School Data
［共学校］

所在地
東京都小金井市
貫井北町3-22-1

TEL
042-381-5413

アクセス
JR中央線「武蔵小金井駅」
徒歩18分またはバス６分、
西武新宿線「小平駅」バス12分

URL
http://chu-fu.ed.jp/

日時 2018年 **9月9日(日)** 中学校受験 9:30 ~ 16:00
高 校 受 験 12:20 ~ 16:00

会場 **東京家政大学** 板橋キャンパス

対象参加者
・小学校3年生~6年生、中学校1年生~3年生 男女の受験生及び保護者
・学習塾、各教育機関及び報道関係者

プログラム

個別相談会	教育相談会	体験授業	座談会	アトラクション	講演会/その他
•参加校 32 校 •中学校受験 10:00 ~ 16:00 •高校受験 13:00 ~ 16:00	•学校選びコーナー •塾選びコーナー •受験勉強コーナー •大学進学 相談コーナー	要予約 対象:小学生	生徒による 座談会	各学校生徒による 部活動紹介	要予約 • 中学校・高校 入試講演会 • 高校受験 成績アップ講座

参加校

■京華 ■日本大学豊山 ■明治大学付属中野 ■大妻 ■北豊島
■吉祥女子 ■共立女子 ■京華女子 ■十文字 ■麴町学園 ■東京家政大学附属女子
■豊島岡女子学園 ■中村 ■日本大学豊山女子 ■富士見 ■文京学院大学女子
■上野学園 ■共栄学園 ■桜丘 ■淑徳 ■淑徳巣鴨 ■順天
■城西大学附属城西 ■成立学園 ■帝京 ■貞静学園 ■東京成徳大学
■東洋大学京北 ■日本大学第二 ■目黒学院 ■八雲学園 ■國學院大学久我山

■男子校 ■女子校 ■共学校 ■男女別学校　—— 中学入試のみ

詳細のお問合せ

子どもたちと共に未来を拓く私学の会 事務局
東京家政大学附属女子中学校高等学校 入試・広報部 ☎ 03-3961-0748 ✉f-nyushi@tokyo-kasei.ac.jp

交通案内

東京家政大学 板橋キャンパス
〒173-8602
東京都板橋区加賀 1-18-1
● JR 埼京線「十条駅」徒歩 5 分
● 都営地下鉄三田線「新板橋駅」
徒歩 12 分 (A3 出口より)

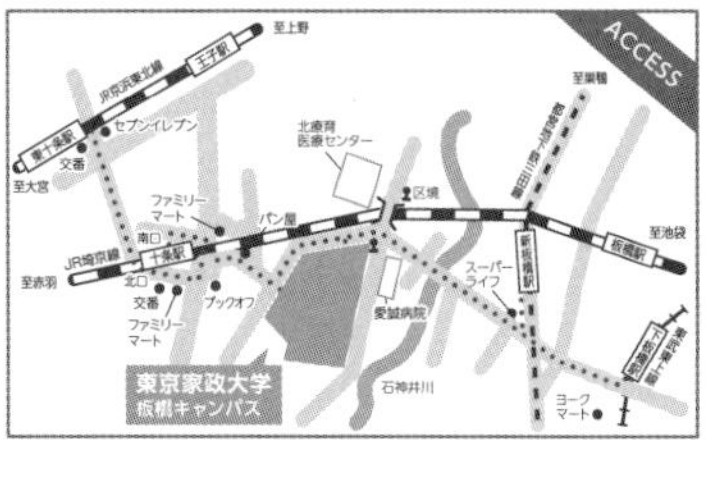

プログラム詳細

【体験授業】 要予約(定員30名)

学校名	体験授業名	学校名	体験授業名
成立学園	ナショナルジオグラフィックの世界にようこそ!	淑 徳	元 JAXA の先生と一緒に、宇宙人を探してみよう!
共栄学園	砂漠博士になろう!	城西大附属	「思考する理科」を楽しもう!
日大豊山女子	身近な食品の性質を調べよう!	八雲学園	マイナス 196℃の世界へようこそ!
麴町学園	勾玉(まがたま)を作ろう!	桜 丘	プレゼンで学ぶ文章つくりにチャレンジしよう!
共立女子	ボール型ロボットで図形を描こう 定員10名	目黒学院	手作り顕微鏡を作ろう!
東京成徳大	自分探求の世界へようこそ!	上野学園	レゴでロボットを作ろう!
淑徳巣鴨	未来のエンジニアよ、電気の通り道を探れ!	東京家政大附属	今日から算数博士になりませんか!
中 村	フリスビーでストラックアウトに挑戦!	文京学院大	マイナス 200℃の世界へようこそ!

【アトラクション】

学校名	アトラクション
東京家政大附属	ファンファーレでお迎え!ようこそ家政へ!
東京成徳大	TS★DANCE
八雲学園	オリンピック種目の空手の演武
日大豊山女子	創作ダンスの世界へ
中 村	フルート演奏会で癒されませんか?
淑徳巣鴨	ギターオーケストラをご存知ですか?
共立女子	小学生にオススメ本紹介!ブックトーク
文京学院大	美しいハーモニーで癒されてください!
順 天	THE GREATEST SHOWMAN

【中学校・高校入試講演会 / 高校受験成績アップ講座】 要予約

講演種類	講演タイトル
中学校入試講演会 小学生・保護者対象	私立中高一貫校の受験者動向や入試分析
高校入試講演会 保護者対象	平成 31 年度 私立・公立高校受験について
高校受験 成績アップ講座 中学生対象	定期試験の点数が上がり通知表が良くなります。各会場テストの対策を伝授!偏差値が急上昇!中学生の皆さん!早く集まってください!

1食 500円で
ランチが食べられる!
ワンコイン
ランチ
営業時間 11:00~14:00
中高A校舎 地下1階ランチルーム

スタンプラリーに
参加しよう!

制服展示も
あります!

体験授業・講演会・講座の予約受付はこちらから

下記 URL または、QR コードよりアクセスいただけます
https://mirai-compass.net/usr/fiesttkj/event/evtIndex.jsf

あれも日本語 これも日本語

NIHONGO COLUMN No.103

「耳」の入った慣用句

今回は「耳」の入った慣用句だ。

「耳が汚《けが》れる」は本当に耳が汚れるということではなくて、汚らわしいことを聞いてしまうことだ。「あの人は若いとき、ずいぶんと悪いことをしたそうだ。そういう話を聞くと耳が汚れるね」などと使う。

「耳に逆《さか》らう」は忠告されると、気分が悪くなるという意味だ。中国の古典から出た言葉で、正しくは「忠《ちゅう》言《げん》耳に逆らう」と言い、忠告されると気分はよくないが、素直に聞いた方がいいという意味だ。

「耳障《みみざわ》り」は耳にしたときに不快に感じる音や話のことだ。「彼の歌はいつも調子が外れていて耳障りだ」などと使う。最近「耳障りがいい」などという表現があるけど、この場合は「耳触り」と書くべきだね。

「耳をそろえる」は元々は小判の両脇をきちんとそろえるところから、決められた金額を不足なく用意することだ。「借りたお金は耳をそろえて返した」などと使うよ。

「耳順《みみしたが》う」は他人の意見に対していちいち反発するのではなく、素直に聞くことができる、という意味で、論語の「六十にして耳順う」から出た言葉だ。60歳になったら素直にならなくてはいけない、ということだ。耳順《じじゅん》ともいう。

「耳学問《みみがくもん》」は自分で勉強して覚えたのではなく、人から聞いて覚えた知識のことだ。聞きかじりのことだね。「彼の知識は耳学問が多いから、質問されると答えられないことが多いよ」とかね。「門前の小僧習わぬ経を読む」も似たような意味だよ。身についた勉強ではないということだね。

「耳目《じもく》を驚かす」は文字通り、多くの人の耳や目が驚くような出来事が起こることだ。「爆弾テロ事件は耳目を驚かす大事件だ」とかね。

「馬の耳に念仏」。馬に念仏を唱えてもありがたみはわからないよね。そこから忠告や意見をしても効果がないこと、いいものを与えても、その価値がわからないことをいうんだ。「馬耳東風《ばじとうふう》」「猫に小判」「犬に論語」なども似た意味だね。

「壁に耳あり障子《しょうじ》に目あり」はどこでだれが見たり聞いたりしているかわからない、ということから、とかく秘密は漏れやすいという例えだ。秘密を守るのは難しいね。

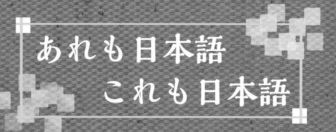

今月のキーワード

米朝首脳会談

▲PHOTO シンガポールのカペラホテルで対面したトランプ米大統領（右）と北朝鮮の金正恩朝鮮労働党委員長（2018年6月12日）写真: AFP＝時事

アメリカのトランプ大統領と北朝鮮の金正恩《キムジョンウン》委員長による初の米朝首脳会談が６月12日、シンガポールで行われました。

北朝鮮はここ10年以上にわたって核開発を強力に推し進め、地下核実験を行ったり、アメリカ本土に届くとするミサイルの発射実験を繰り返すなど、国連安保理決議に違反するだけでなく、世界各国に多くの脅威を与え続けています。

こうしたことから、各国は北朝鮮に対して厳しい経済制裁を課してきましたが、北朝鮮は一転して融和ムードを演出し、４月27日に韓国と北朝鮮の軍事境界線である板門店《パンムンジョム》で、金委員長と韓国の文在寅《ムンジェイン》大統領との南北首脳会談が行われました。北朝鮮が経済制裁緩和を期待してのことと思われます。さらに５月には、北朝鮮に拘束されていた韓国系アメリカ人３人が釈放され、アメリカに帰国しました。このため、トランプ大統領は金委員長と会談する用意があると発言、６月12日にシンガポールで開催すると発表しました。

しかし、金委員長が米国高官らを激しく非難する発言を行ったことで、トランプ大統領は会談の中止を発表。このため、金委員長は５月25日に板門店で、文大統領と二度目の電撃的な首脳会談を行って、米朝会談への意欲を見せました。これを受けてトランプ大統領は再び、米朝会談を行うことを表明し、当初の予定通り、６月12日にシンガポールで会談が行われたのです。

二転三転して行われた米朝首脳会談ですが、北朝鮮は朝鮮半島の非核化を表明、対するアメリカは北朝鮮の体制の保証を約束しました。さらには北朝鮮の意向を受け入れ、米韓合同軍事演習の中止も決めました。

しかし、懸案とされた非核化の期限や、非可逆的、全面的な非核化については具体的な議論はされませんでした。また、非核化の検証についても言及されませんでした。日本が強く要望していた、拉致被害者問題についても、北朝鮮からの言及はありませんでした。

拉致問題については安倍晋三首相が、日朝首脳会談で解決すると言っていますが、その見通しはまったく立っていません。経済制裁についても、アメリカをはじめ各国は制裁は緩めないとしていますが、中国などでは制裁緩和の動きもあり、韓国でも北朝鮮への支援が議論されるなど、緩和される可能性があります。

こうしたことから、米朝首脳会談は単なる政治ショーで、北朝鮮に押し切られたとの論評もあります。

大野 敏明　ジャーナリスト
（元大学講師・元産経新聞編集長）

ミステリーハンターQ（略してMQ）

米テキサス州出身。某有名エジプト学者の弟子。1980年代より気鋭の考古学者として注目されつつあるが本名はだれも知らない。日本の歴史について探る画期的な著書『歴史を掘る』の発刊準備を進めている。

ミステリーハンターQの歴男歴女養成講座

春日 静

中学１年生。カバンのなかにはつねに、読みかけの歴史小説が入っている根っからの歴女。あこがれは坂本龍馬。特技は年号の暗記のための語呂合わせを作ること。好きな芸能人は福山雅治。

山本 勇

中学３年生。幼稚園のころにテレビの大河ドラマを見て、歴史にはまる。将来は大河ドラマに出たいと思っている。あこがれは織田信長。最近のマイブームは仏像鑑賞。好きな芸能人はみうらじゅん。

蛮社の獄

蛮社の獄は、江戸時代に幕府の対応を批判した蘭学者が弾圧された事件だ。厳しい言論弾圧が行われた歴史をみんなはどう感じるだろうか。

静 蛮社《ばんしゃ》の獄《ごく》ってなんか難しい言葉なんだけど、どういうこと？

MQ 蛮社とは西洋の学問をする人の集まりという意味だ。江戸時代、日本は鎖国をしていたことは知っているよね。1837年（天保8年）、いまの中国のマカオにあったアメリカのオリファント社のモリソン号という船が、日本人漂流民7人を乗せて、いまの神奈川県の浦賀や鹿児島に来航したんだ。

勇 漂流していた日本人を助けてくれたんだね。

MQ 漂流民を送り届ける見返りとして、日本との通商を結ぼうとしたんだ。ところが、日本は鎖国をしていたし、1825年（文政8年）には異国船打払令を出していたから、砲撃までして、追い返してしまったんだ。

静 鎖国をしていたとはいえ、あんまりね。

MQ これを批判したのが尚歯会《しょうしかい》という蘭学を研究するグループだ。グループには渡辺崋山《わたなべかざん》、高野長英《たかのちょうえい》、小《こ》関三英《せきさんえい》らがいて、渡辺は「慎機論《しんきろん》」を書いて、幕府の打払令の無謀さを指摘した。高野も「戊戌夢物語《ぼじゅつゆめものがたり》」という書物で、幕府を批判したんだ。この2冊は刊行されたわけではないけど、その内容が幕府の知るところとなり、1839年（天保10年）、幕政批判、海外渡航計画などの罪状をあげて、弾圧を行ったんだ。

勇 弾圧って、幕府はどんなことをしたの？

MQ 渡辺はいまの愛知県の三河国田原藩の家老だったため、国元で永蟄居《ちっきょ》。すなわち、終身、謹慎ということだね。高野は江戸で開業していた蘭学医だったため、逮捕されて牢屋に入れられ、厳しい取り調べを受けた。

静 幕府は、批判は許さなかったのね。

MQ 仙台藩の医師だった小関は、渡辺や高野と親交があったことから、連座するのではないかと恐れて、自殺してしまう。渡辺も1841年（天保12年）に蟄居先の屋敷の納屋で切腹するんだ。

勇 高野はどうしたの？

MQ 高野は入れられていた牢が火事になり、それに乗じて脱獄、鎮火後も牢には帰らず、顔を変えて潜伏した。でも、1850年（嘉永3年）にとうとう捕まって死んでしまったんだ。蛮社の獄は洋学者たちに大きな影響を与え、西洋の学問研究は大きく遅れたともいわれるね。

サクセス書評 9月号

野球部存続をかけた「カレーなる」戦い!!

暑い日が続くね。ご飯はしっかり食べているかな？ 今回は、どうしても食欲がなくなりがちなこの季節にピッタリの、読むと食欲が湧いてくるような小説を紹介しよう。

舞台は北海道。小樽経営大学、通称・樽大の野球部はある不祥事から部員が大量に退部し、廃部の危機に直面していた。部員は2人とマネージャーだけ。そんな彼らのもとに、伝統の北海道総合大学、通称・道大との対抗戦の話が舞い込んでくる。

野球の？ もちろん違う。人数が足りていないし、そもそも現在樽大の野球部は活動停止中だ。ではなんの？

それが「カレー対決」だというのだ。顧問の古山准教授から打診された主将の森一郎は、どうしてカレーなのか、意味がわからないまま、その対決を引き受けることに。マネージャー兼コーチの3年生・白石苗穂《なほ》、2年生の恵山《えさん》光《ひかる》、さらに謎の1年生、36歳の新入部員・砂原《さはら》健介とともに、森は道大との対決に挑む。

とはいえ、とくに思い入れがあるわけでもない勝負とあって、なぜかやる気に満ちあふれている砂原を除いた3人は、普通にカレーを作ればいいんじゃないかという気持ちで本番に臨み、そして大惨敗を喫した。

なぜなら、道大にはカレー部があったのだ。まあそれなら負けても仕方ないよね、という空気になったところで、15年前にも同じように対決があり、そのときは樽大が圧勝したこと、当時は樽大にカレー部があったことなどを知り、さらにほかの要因も重なって、彼らは道大カレー部に再戦を要求することになった。

その要求を受けてはもらえたものの、「負けたら野球部は廃部」という条件を突きつけられる。そして、樽大野球部員たちは、野球部存続をかけ、野球、ではなくカレー勝負に挑んでいく。

果たして樽大野球部は存続することができるのか。でも、それよりも、そこかしこにカレー愛が語られ、さまざまなカレーが登場してきて、「ああ、どんな味なんだろう」という気持ちの方が強くなってしまうという不思議な一冊だ。

『カレーなる逆襲！
ポンコツ部員のスパイス戦記』

著／乾 ルカ
刊行／文藝春秋
価格／780円＋税

今月の1冊

『カレーなる逆襲！ ポンコツ部員のスパイス戦記』

1人ひとりが小さな哲学者
思考の錬磨で「より良く生きる」

東《とう》洋《よう》大《だい》学《がく》京《けい》北《ほく》高等学校

■ 東京都　文京区　共学校 ■

2015年度（平成27年度）に校名変更、新校舎移転、男女共学化などの改革を行い、節目の3年が経過した東洋大学京北高等学校。改革後の理念も十分に浸透し、哲学教育（生き方教育）を柱の1つに卒業後も力強く羽ばたける人材を育てています。

石坂《いしざか》 康倫《やすとも》 校長先生

哲学を通じて行われる 揺らぐことのない人間教育

東洋大学京北高等学校（以下、東洋大京北）の大きな特徴としてあげられるのが「より良く生きる」をテーマにした「哲学教育（生き方教育）」です。この教育は建学者である井上円了博士の「諸学の基礎は哲学にあり」という精神を受け継いだものです。「哲学を学ぶということは、思考の錬磨《れんま》、つまり考えるトレーニングをすることなのだと井上博士はとらえていました。生きていくうえで、物事をさまざまな角度からとらえ、考えをめぐらすこと、それが哲学です」と石坂康倫校長先生。

東洋大京北がめざすのは、哲学教育（生き方教育）による時代や価値観などによって揺らぐことのない人間教育です。高1は倫理が必修とされ、哲学的な教養を育むとともに、「いかに生きるべきか」という問いに対して思索を深める対話の時間も設けられています。自分の考えを述べ、ほかの人の意見を真剣に受け止める、だれもが自由に発言できる場が大切にされています。人前で発言するのが苦手な生徒も、自分の意見が他者に理解される経験を積み重ねることで確かな自信をつけられます。

このほか、哲学教育（生き方教育）の一環として、先人の考えを読み解く「名著精読」、多分野で活躍する講師を迎えての「生き方講演会」、希望者を募って行われる「刑事裁判傍聴学習会」「哲学ゼミ（合宿）」などがあります。昨年の哲学ゼミでは、熊本で赤ちゃんポストに関する調査と研究が実施されました。こうした人の生き方や社会のあり方について向きあう機会があるのも特徴です。

また、「哲学エッセーコンテスト」では、全生徒が哲学教育（生き方教育）における学びを掘り下げてエッセーを作成。哲学的思考の独創性や説得力を競いあい、自身や他者の心と向きあう取り組みをしています。

こうしたプログラムを実施する一方で、哲学を学ぶうえで必要な論理的な思考力を育むことも重視されています。そのために「本当の教養を身に付けた国際人を育てる」を合言葉に、国際教育に加えて、全科目履修型カリキュラムを導入し、幅広い知識を養っています。

「改革から3年が経ち、生徒の意識が変わってきたのを感じます。どのように生きていくか、自分を活かしていくかを考えられるようになり、行事にも自主的・自発的に取り組めるようになっています。哲学とは生き方を追求する学問です。哲学を学ぶことで、生徒は人生を考え、自分の心と向きあい、世の中の事象を見つめるようになりました。また、自分の意見を相手に伝えられる表現力を身につけてきました。これは改革の大きな成果です。本校では生徒1人ひとりが小さな哲学者なのです」（石坂校長先生）

東洋大学京北高等学校は、将来必要となる知識やスキルといった枝葉を育てるとともに、生徒自身の根っこを太くたくましくする哲学教育（生き方教育）により、社会という雨風のなかでも負けない強さを育んでいます。それは卒業後の人生を「より良く生きる」ことにつながるのです。

説明会日程

学校説明会 要予約
9月 2日(日) 9:30〜11:00 / 15:00〜16:30
10月27日(土) 15:00〜16:30
※個別相談、施設見学あり

オープンスクール 要予約
8月26日(日) 9:00〜14:00
※個別相談あり

京北祭(文化祭)
9月22日(土) 9月23日(日祝)
両日とも10:00〜15:00
※入試相談室あり

SCHOOL DATA

所在地 東京都文京区白山2-36-5
アクセス 都営三田線「白山駅」徒歩6分、地下鉄南北線「本駒込駅」徒歩10分、地下鉄丸ノ内線「茗荷谷駅」徒歩14分、地下鉄千代田線「千駄木駅」徒歩19分
TEL 03-3816-6211
URL https://www.toyo.ac.jp/toyodaikeihoku-hs/

サクセスシネマ

SUCCESS CINEMA

vol.103

心と身体が入れ替わっちゃった！

フォーチュン・クッキー

2003年／アメリカ
監督：マーク・ウォーターズ

『フォーチュン・クッキー 特別版』
DVD発売中／デジタル配信中
価格：1,429円＋税
発売：ウォルト・ディズニー・ジャパン

親子の理解を深めたキッカケは…

お互いの悩みや思いはそれぞれの立場になってみないとわからないもの。それは親子でも同じのようです。

高校生のアンナと母親のテスはケンカばかり。父は亡くなり、祖父と弟と４人で暮らしていますが、現在母の再婚話が進んでおり、アンナはそれが受け入れられません。テスも娘の気持ちがわからず、その溝は深まるばかりです。そんなとき、フォーチュン・クッキーというお菓子を食べたことで、２人の心と身体が入れ替わってしまいます。２人ともパニックになりますが、戻り方がわからず、仕方なくしばらくそのまま生活することに。

アンナとテスは、お互いに自分の思った通りに振る舞うので、その見た目と中身のギャップが愉快です。とくにアンナはやりたい放題で、見た目は大人なのに中身は高校生のまま。テスの婚約者や弟とのやりとりも、なんとも不自然で笑いを誘います。しかし、入れ替わったことで互いの気持ちや周囲の人の思いを知ることができ、母は娘の、そして娘は母の悩みや葛藤に気づいていくのでした。心温まるストーリーをぜひ親子でどうぞ。

君の名は。

2016年／日本
監督：新海誠

『君の名は。スタンダード・エディション』
DVD好評発売中
価格：3,800円＋税
発売・販売元：東宝

入れ替わったのは偶然か必然か

2016年の夏に、ロックバンドRADWIMPSの印象的な楽曲とともに、大ヒットを記録したファンタジーアニメーション。すでに見た人も多いと思いますが、改めてその魅力を感じてみてはいかがでしょう。

瀧《たき》は東京で暮らす男子高校生。三葉《みつは》は山深い田舎町に住む女子高校生。このまったく異なる環境で暮らしている２人が、ある日突然、入れ替わりを繰り返すようになります。会ったこともない異性と入れ替わってしまう、また、完全に入れ替わるのではなく、ときどき入れ替わるという設定が特徴的です。

入れ替わりは偶然だったのか必然だったのか、実際には会えなくても、互いに惹かれていく瀧と三葉。そんな２人のささやかな恋を描くラブストーリーかと思いきや、壮大なテーマへと物語が大きく展開していき、どのようなラストを迎えるのかと画面から目が離せません。

美しい夏祭りの風景、田舎町に広がる夜空など、アニメーションならではの幻想的でダイナミックな映像にも心を打たれます。

メン・イン・キャット

2016年／フランス・中国
監督：バリー・ソネンフェルド

『メン・イン・キャット』
Blu-ray：4,700円＋税
発売元：カルチュア・パブリッシャーズ
販売元：ポニーキャニオン

おじさんがネコに!?

みなさん、ネコは好きですか。この映画は人間の意識がネコに入ってしまうというまさかのストーリーです。

トムはやり手のワンマン社長。しかし、周りの意見を聞かないそのワンマンぶりが、社員から反感をかっています。一方家庭では、家族に贅沢《ぜいたく》な暮らしをさせているものの仕事一辺倒で、娘の誕生日も忘れてしまいそうになるなど、夫としても父親としてもイマイチ。しかしそんなトムも娘の誕生日プレゼントのネコを買うために自らペットショップへ。無事にネコを買い、あとは娘を喜ばせるだけのはずが、あるアクシデントによってトムの精神がネコに入ってしまったから大変！

家族に自分だと気づいてもらうために懸命になるトムの姿は、中身はおじさんだとわかっていてもネコの見た目だととてもキュート！　家のなかで暴れまわったり、お酒を飲んで酔っ払ってしまったりと、思わず笑ってしまうシーンがあるかと思えば、ネコになったからこそみえた娘や妻の思いにホロリとさせられる場面も。CGを絡めたネコの名演にほっこりできる映画をぜひご覧ください。

直線の式は $y=ax+b$ じゃない？

先生！

どうした？

直線の式って $y=ax+b$ だよね？

そうだよ。

親戚のお兄ちゃんがね、それはちょっと違うんだよな～って言うんだよ。でも、どういうことなのかは教えてくれなくて、モヤモヤしちゃってさ。

ほうほう。その親戚のお兄ちゃんは高校生？

うん。

そういうことか。お兄ちゃんは高校生のなかでも理系だね。そして結構レベルの高い高校に行っている可能性があるね（笑）。というのはね。ちょっと難しい話なんだけど、いつもキミたちが扱っている座標は「xy 平面」と言うんだ。それに対して、空間にも座標があってね、それを「xyz 空間」と言うんだよ。右手のね、親指と人さし指と中指を互いに直角になるようにしてごらん。

理科で出てくる「フレミングの…なんとか」と似てるね。

それそれ！　その手を見たときに親指が X 軸、人差し指が Y 軸、中指が Z 軸というふうになるんだよ。すると、よ～く考えてほしいんだけど、さっきの3本の互いに直角にした指のなかで、中指を自分の方に向けてみて。

こんな感じ？

上出来！　親指を右に向けてごらん。親指と人さし指でできる xy 平面へ、さっきの $y=ax+b$ を当てはめると…。

見えないのに見える気分だなあ（笑）。

Z軸、つまりキミの顔の方に出てきて、平面に見えないかい？

う～ん。見えなくはないけど、なんか変な気分。でも、$y=ax+b$ は平面の式なんだね。

xyz 空間ではね。コンピューターグラフィックってやつだよ。

いわゆるCGってやつ？

そう、その世界だと立体もすべて平面上に書かれているから、想像は大事だよ。実際にCGの世界でも数式で立体を書くことができるしね。

なんでも式で表せるの？

なんでもと言うと？

すべての立体を式で表すことができるの？　ってこと。

まあ、おそらくできるだろうね。簡単なものなら、簡単な式で表せるけど、例えば、人の顔なんかを xyz 空間の式で表すとすると、１本の式で表すことは不可能だと思う。たくさんの式が必要だろう。それこそ、キミの親戚のお兄ちゃんなら、球面の式とか、円すいの式くらいなら知ってるんじゃないかな??

円すいの式なんてあるんだね。

うん。例えば、$x^2+y^2=(1-z)^2$ とかね。

これで円すい？

うん。まあ、「広がりのある円すい」だからキミのイメージする円すいとはちょっと違うかもしれないけれどね。

なんだか難しいね。

もっと知りたいのであれば、それなりの学力レベルの高校に行かないとね。高校によっては、理系クラスでもこういうことを教えない高校もあるからさ。

そうなの？　でもさ、高校の教科書ってみんな同じじゃないの？

原則的には、みんな文部科学省の検定教科書を使うんだよ。だけど、そうじゃない非検定教科書を使う進学校もあるんだよね。

それってどういう…。もっと詳しいところを聞きたいなあ～。

キミは芸能リポーターか（笑）？

それをいうなら教育リポーターって言ってよ。

その詳しい話を聞いてどうなるの？

自己満足（笑）。

キミにはレベルの高い学校で学んでみようという高い志はないのかね（苦笑）。

入りたい高校と入れる高校は違うからね…。

まだまだ間に合うよ！

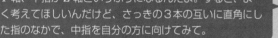

ケアレスミスが多くて困っています どうすれば減らすことができますか

問題の内容はわかっているのに、条件をついうっかり読み落としてしまったり、つまらない計算ミスをしてしまったりと、ケアレスミスが多くて悩んでいます。とくに数学でそうしたミスが多く、どうしても点数が伸びません。どうしたらケアレスミスが少なくなるのでしょうか。 (松戸市・中2・KE)

問題文に出てくる数値に印をつけて 見直す際にしっかりチェックしてみて

問題の内容は理解できているのに、計算ミスなどで失点してしまうケアレスミスは非常に残念です。だれしも完璧ではないですから、ミスをしてしまうこと自体は仕方がないとはいえ、できることならつまらないミスは防ぎたいものです。とくに今回質問のあった数学については、一定の努力を重ねることでミスは防止できるはずです。以下の方法を試してみてください。

まずは文章題などで問題文に数値が出てきたら、問題を読みながら数値部分に○や□などの印をつけておきます。そして、解答を求めるために立てた数式や計算過程において、印のついた数値が正しく転記されているかどうか、単位に誤りはないかなどを確認するようにしましょう。ケアレスミスが多い人は、見直しをする際にまたゼロから計算し直してしまい、そこでミスが発生してしまうことが多いようですから、計算し直すよりも、すでに書いた式を確認する方が安心でしょう。

このとき、なぐり書きするのではなく、丁寧に書くことがポイントです。丁寧に書いたとしても時間はさほどかかりませんし、むしろ見直しがしやすくなり、結果的に時間の節約につながっていきます。これは試験中に限らず、普段の勉強中でも言えることです。答えだけを正しく求められればいいと考えずに、途中の計算も意識して丁寧に書くことを大切にしましょう。

Success Ranking

人口の多い名字ランキング

今回は、「名前」についている「名字」について取り上げよう。では質問。日本で一番人口の多い名字はなんでしょう？　佐藤、田中、高橋、鈴木…？　答えは下の、日本全国で人口の多い名字ランキングを見てみてね。みんなの名字はランクインしているかな？

人口の多い名字ランキング

順位	名字	人数
1	**佐　藤**	およそ1,887,000人
2	鈴　木	およそ1,806,000人
3	高　橋	およそ1,421,000人
4	田　中	およそ1,343,000人
5	伊　藤	およそ1,081,000人
6	渡　辺	およそ1,070,000人
7	山　本	およそ1,057,000人
8	中　村	およそ1,051,000人
9	小　林	およそ1,034,000人
10	加　藤	およそ892,000人
11	吉　田	およそ835,000人
12	山　田	およそ819,000人
13	佐々木	およそ679,000人
14	山　口	およそ647,000人
15	松　本	およそ631,000人
16	井　上	およそ617,000人
17	木　村	およそ579,000人
18	林	およそ548,000人
19	斎　藤	およそ546,000人
20	清　水	およそ535,000人
21	山　崎	およそ485,000人
22	森	およそ468,000人
23	池　田	およそ453,000人
24	橋　本	およそ450,000人
25	阿　部	およそ447,000人
26	石　川	およそ429,000人
27	山　下	およそ421,000人
28	中　島	およそ403,000人
29	石　井	およそ398,000人
29	小　川	およそ398,000人
30	前　田	およそ384,000人
31	岡　田	およそ381,000人
32	長谷川	およそ379,000人
33	藤　田	およそ377,000人
34	後　藤	およそ374,000人
35	近　藤	およそ371,000人
36	村　上	およそ357,000人
37	遠　藤	およそ335,000人
38	青　木	およそ330,000人
39	坂　本	およそ328,000人

出典　名字由来net（株式会社リクスタ）

EDUCATIONAL COLUMN

15歳の考現学

成績中位層に厳しかった
この春の入試をどう読む

私立 INSIDE

私立高校受験

私立高校の推薦入試は
合格させるための入試

公立 CLOSE UP

公立高校受検

東京都立高校の国公立大学への
合格実績はどこまで伸びたか？

BASIC LECTURE

高校入試の基礎知識

学校説明会では
学校のここを見よう

受験情報

東京　併設型中高一貫校が高校募集取りやめへ

東京都教育委員会は６月末、都立中高一貫校のうち、高校段階でも生徒募集をしている併設型中高一貫校５校で志望倍率が低迷していることから、高校募集を取りやめる方向で検討を進める。

この改変は来春入試には間に合わず、早くとも2020年度入試以降となる。

都立の中高一貫校は10校（千代田区立九段中等教育は除く）あり、中学と高校両方で募集を行う併設型（高校附属型中高一貫校）と、高校では生徒の入学がない中等教育学校がそれぞれ５校ずつある。

都教委は昨年７月から、中高一貫校の成果と課題を検証する委員会を設置して検証を進め、併設型５校について、中学募集での倍率は５～６倍と高めだが、高校募集では、この春の５校平均は0.97倍と全入状態。最も低い**両国高校附属**は0.67倍となっていることなどを問題視した。

高校入試に与える影響はその募集数（男女各40人程度）がさほど大きくないことから、当該校の受検者層の移動に限られ、全体の変動に大きな影響はないとみられるが、近隣校の受検生は注目していい情報だ。

併設型の５校は、**大泉高校附属**、**白鷗高校附属**、**富士高校附属**、**武蔵高校附属**、両国高校附属。

東京　都立国際高１期生のバカロレア資格取得率

東京都教育委員会はこのほど、都立**国際**・国際バカロレアコース卒業生（第１期生）19人について、５月に確定した、国際バカロレア資格（フルディプロマ）取得状況を公表した。（　）内は世界平均

【国際バカロレア資格（フルディプロマ）取得状況】

◆取得率　89.5%（69.8%）
◆平均スコア　31.0（28.6）
◆最高スコア　40（満点45）

【１期生が合格したおもな海外大学】

◆イギリス　ユニバーシティ・カレッジ・ロンドン、エディンバラ大、キングス・カレッジ・ロンドン、マンチェスター大、ブリストル大
◆アメリカ　ミネソタ大ツインシティズ、パデュー大
◆カナダ　トロント大、ブリティッシュ・コロンビア大
◆オーストラリア　メルボルン大、オーストラリア国立大、シドニー大、クイーンズランド大、ニューサウスウェールズ大
◆中国　香港大、香港科技大、香港中文大

15歳の考現学

成績中位層に厳しかったこの春の入試をどう読む

森上《もりがみ》　展安《のぶやす》

森上教育研究所所長。1953年、岡山県生まれ。早稲田大学卒業。進学塾経営などを経て、1987年に「森上教育研究所」を設立。「受験」をキーワードに幅広く教育問題を扱う。近著に『教育時論』（英潮社）や『入りやすくてお得な学校』『中学受験図鑑』（ともにダイヤモンド社）などがある。「わが子が伸びる 親の技（スキル）研究会」主催。教育相談、講演会も実施している。ＨＰ：oya-skill.com

大学入試改革を控えて　ますます強まる附属人気

高校入試も現高1から新しい大学入試制度に変わるため、このところの受験生動向は、安定した上位校へのシフトがめだっています。

今春の上位大学附属校志向は前年よりさらに強まり、早慶附属校の合格者の下限が一段上昇している、と言います。

これは、なにより上位成績層の附属校受験志向が強まったためです。

一概に受験生数が増加しているわけではないこともおもしろいところで、例えば**早稲田実業**は男子が前年差で約100人くらい受験者数そのものは減りました。ただ、これなどボーダーラインの受験生が減っただけで上位層は減っていないのです。

ところが、その減少している成績層が増えた学校もあるのです。それが**慶應義塾**です。受験生本人にインタビュー等するわけにもいかないので本当のところはわかりませんが、現象的には早稲田実業男子で約100名の減少の一方、慶應義塾で前年差221名の増加は一部トレードオフの関係にある可能性があります。

とはいってもその慶應義塾もボーダーの下限は上昇しているのですから、成績中位層にはどっちにしろ厳しい入試結果となったということになりますね。

早稲田実業男子受験生の併願先として最も多い**早大高等学院**にしても成績中位層の合格が減っていますのでこれは厳しい。早大高等学院についで併願の多い、**早大本庄**や**立教新座**についてもその傾向はややゆるくなるとはいえ認められます。

女子については男子以上にこの傾向が顕著で、成績中位層はいっそう受かりにくくなったようです。

ただ女子の場合、共学校は早稲田実業、早大本庄しかないこともありますが、例えば早稲田実業女子の併願先は圧倒的に早大本庄で、次の併願先としてノミネートされるのは**豊島岡女子学園**、つまり進学校となります。そこでは成績中位層の合格率は上昇していますから、女子の成績上位層における「附属校志向の強まり」「進学校志向の弱まり」が、ここに現れている、と言うこともできます。

男女ともに言えることですが、附属校志向のなかでブランド上昇が著しいのが**青山学院**で、鮮明に難度をあげています。

一方、**明大明治**では、この傾向が

認められるのは女子のみで、青山学院のような鮮明さはないようにみえます。もっとも、明治大系列では**明大中野八王子**が大幅な志願者増になっているように人気上昇が著しくなっています。

進学校の入試でも成績中位層が苦戦

さて、附属人気を押さえておきつつ、進学校に目を転ずるとどうなっているでしょう。まず男子ですが、最難関の男子校、**筑波大附属駒場**は受験生こそ約20名くらい減少したものの難化しています。倍率が3・4から2・8になったといってもまったく緩和感がありません。

筑波大附属駒場と併願が最も多いと思われる**開成**は、受験者数に前年と変化はなく、成績上位層が増え、中位層は減少しているようです。

この傾向は都立**日比谷**も同じですが、自校作成問題の入試が実施された都立**国立**でも結果として中位成績層の合格が著しく減ったようです。

国立大附属の**東京学芸大附属**と**筑波大附属**についてみると、とくに学芸大附属の受験者「増」が著しく、また、開成併願者比率も大きく上昇した模様です。さらに早大高等学院との併願も増加と、ここが東京学芸大附属のおもしろいところです。心配された成績上位層の減少はなく、やはり成績中位層の減少にとどまりました。

男子については、いわば学校改革を再評価する動きが受験生に広まった、ということでしょうか。

さて、女子の進学校ですが、筑波大附属も東京学芸大附属も前年並みの受験生数でした。筑波大附属は上位成績層の合格率が強まり、東京学芸大附属はむしろ成績中位層の合格率が上昇するという相反した動きになっています。つまり東京学芸大附属は、男子の難化、女子の易化の動きになったということです。

一方、都立の日比谷と**西**の女子についても同じことが言えて、日比谷は成績上位層の合格率が強まり、西についてはとくにそうした傾向は見えなかったようです。

就学支援金の充実で私立校進学メリットも

ところで、附属校人気の理由ですが、もちろん、大学の入試改革をにらんでのこと、ということははずせませんが、その志向を促進する要因として都立中位校の進学状況がG－MARCHレベルでは芳しくない、ということがあげられます。

これは都立ばかりでなく神奈川県立校も同様で、トップクラスの高校と、2番手の高校とは進学実績面で大きな差が生じているようです。

そうした進学実績面に着目すると附属校人気もうなづけますが、これまで見てきたように、その附属にしたところで難化もしくは高位安定が非常にはっきりしています。

一方で、国立・早慶・G－MARCHに進学できる私立・国立進学校はとみれば、上位成績層にシフトしていて、中位成績層はますます入りづらいという傾向がうかがえました。

そうなると、入りやすい都立県立の中位層よりも、私立進学校の中堅の方が少なくとも大学進学実績がいい、ということが往々にしてあります。しかし、その私立は中高一貫校が多く、高入生をとらないので、やむなく公立2番手校へという選択が多かったと思います。

しかし、昨年から1都3県の首長が、就学支援金を私立高校進学者にも年収対象さえ合えば支払いますよと公表、実現させました。

教育費無償の公立と対等な私立進学を実現しよう、というものですが、受験生にとって公立と同じように教育費負担がなく、しかしながら進学実績が期待できる私立高進学も検討できる環境が大きく開かれた、といっていいでしょう。

つまり成績中位層の進学校の受け皿が、行政によって私立中位校進学という形で開拓されたわけです。

これは大きな意味があります。

高校受験は、多くは公立中学校に在籍している生徒が受験生です。

そこでは、夕方の時間をかなり多く部活動に割く受験生が大半です。

成績上位層のように早くから塾通いするケースは少なく、それがゆえの成績中位どまり、といった面もあります。

もしこうした受験生に私立中位校進学の道が開かれれば、少なくとも有名私大であるG－MARCH進学あるいは国立大進学も決して夢ではなく現実になります。

まして新しい大学入試は、AOの増加など高校での業績評価の割合が高くなります。

私立中位校のように大学入試などへの変化対応に優れた学校に進学することによって、生徒の多くの可能性が開かれることにもなるだろうと思います。

※偏差値データは「駿台中学生テスト」による

私立
INSIDE

私立高校の推薦入試は合格させるための入試

私立高校の入試には「推薦入試」と「一般入試」という2つの入試があります。今回は「推薦入試」に焦点を当ててみます。推薦入試は、早い時点で合否が決まりますし、筆記試験も受けないので「楽」な入試です。ただ、「楽」だけを追い求めることには問題があります。

推薦入試に向いている受験生とは

推薦入試で、まず必要なのが「受験しようとしている志望校」が求めている「内申点」に十分届いているかどうかです。

もしあなたが、「模擬試験などの実力をはかるテストには弱い」というタイプでありながら、「内申点は高めに持っている」のなら、推薦入試に向いているといえます。

では、内申点があまり高くないという生徒はどうすればいいでしょう。

公立高校は往々にして内申重視ですから、公立高校の一般入試では不利な生徒といえます。

では、私立はどうか、というと内申が悪いということは、苦手な教科が多いことにつながりますから、私立高校でも一般入試での筆記試験をクリアするのはたやすくないことになります。それならば、入りやすい中堅の私立高校の推薦入試を受けた方がいいのではないでしょうか。

推薦入試に向いていない受験生とは

次に推薦入試に向かない受験生について考えてみます。

公立高校にしろ、私立高校にしろ、志望校が求めている内申点に届いていない場合は、推薦入試には向いていません。初めから受からないからです。それでも推薦入試で合格したい、となると学校のレベルをぐんと下げることになります。

また、推薦入試の場合は、合格したら入学をしなければならない制約のある「単願推薦」が大半です。これは自由に受験校が選べる入試ではなく、志望が「制限される」とも言い換えられるものです。

ですから、一般入試で十分合格する可能性がある受験生の場合は、わざわざ推薦入試を受ける必要はないというわけです。

私立高校の推薦入試は合格させる入試

「推薦入試」をやっていない私立高校はほとんどありません。

推薦入試は「一般入試」と対をなすものですが、公立高校入試にも、首都圏では都立高校で推薦入試と呼ばれるものがあります。

推薦入試とは、筆記試験を課さず、調査書の評価を重視し、そのほかに面接、小論文などを実施して合否を決める入試です。

ただし、推薦入試のなかで適性検査と称して筆記テストを実施する私立高校もあります。このような学校の場合は、どのような内容が検査されるのか、前年の問題などを見ておく必要があります。そのような意味では、私立高校の推薦入試もシビアになっているとも言えます。

しかし、首都圏での私立高校推薦入試は「合格させる入試」と呼ばれているほどで、難関私立高校を除けば、推薦入試を受けることができた時点で、ほぼ合格が決まります。

つまり、受験できる成績水準が、各校により前もって決まっているのです。例えば内申点「9教科合計で内申点が27以上」といった具合です。これは各教科の通知表での成績がおしなべて3以上という意味ですね。このほかでは中学校での欠席状況も厳しいチェック項目となっています。

推薦入試は、その学校の一般入試の20日ほど前に行われ、その都県の公立高校入試日より先に、推薦入試の結果が出ます。

「単願推薦（=専願推薦）」では、受かれば、そのままその学校に進まねばなりません。「併願推薦」では第1志望校（おもに公立）の結果を待ち、その結果が不合格なら、併願推薦入試を受けていた私立高校に進むことになります。

推薦入試は「両刃の剣」「楽」の裏に潜む「苦」

推薦入試では、筆記試験での得点を争うわけではありませんから、一般入試のような厳しさはなく、比較的「楽」に合格を果たすことができるのが魅力です。

しかし、推薦入試は「両刃の剣」の側面があるので注意が必要です。

筆記試験の結果によって合否が決まる一般入試の場合は、推薦入試に比べれば、確かに「厳しい制度」といえるかもしれません。しかし、「受験生が実力に見合った学校に入る、公平な制度」ともいえます。

一方、推薦入試の場合は、少なからず実力に見合わない「自分の実力より低い学校」に入ってしまうというリスクがあります。

「推薦入試で楽に受験できるから」という理由だけで、志望校のランクを数段下げてしまった場合は、入学後に授業が簡単すぎておもしろくないとか、友だちも自分とは雰囲気が違いすぎる、という事態さえも出てきます。

志望校が実力に「見合っていなかったこと」が引き金となって、さまざまな不利益や、思わぬドロップアウトが起きる場合もあるのです。

こうした問題は「受かること」に目が行き過ぎ「受かってから」のことを考えるのを忘れていた結果です。

「楽」の裏には「苦」が隠れていることがあります。本来の進学の視点「自分を伸ばしてくれる学校」をめざすという原点に立ち返りましょう。

志望校選びは、「高校に入ってからの自分」を絶えずイメージしながら進めることが大切なのです。

◇

【入試相談】推薦入試では、各私立高校が求める成績基準と中学校側が持つ生徒の成績とを刷り合わせる入試相談というものが行われています。東京都、神奈川県、千葉県での私立高校の単願推薦の場合、高校の先生と中学校の先生との間で入試相談が行われるのが通常です（入試相談は12月15日から始まります）。

埼玉県では、このような形の入試相談は実施されていないため、受験生、またはその保護者が、県内の私立高校が、学校説明会の際などに実施する個別相談に出向き、私立高校の先生と直接相談することになっています。

公立
CLOSE UP

東京都立高校の国公立大学への合格実績はどこまで伸びたか？

この春、進学指導重点校から「難関大学」への現役合格者の合計は197人で、2年前に記録した過去最多人数に並びました。また、「進学指導重点校」、「進学指導特別推進校」、「進学指導推進校」には、今年度から新たな指定が始まりました。指定の経緯と今春の合格実績から、都立の「国公立大学合格力」を調べました。

都立進学校の新しい指定
小松川、多摩科学技術昇格

東京都では、大学進学にとくに力を入れる学校として、進学指導重点校、進学指導特別推進校、進学指導推進校の3つのグループを、期間を決めて指定しています。前回の指定が今年、2018年（平成30年）3月に終了して、4月からは新しい指定が始まりました。

このうち進学指導重点校の指定には、次の3つの基準があります。

①大学入試センター試験を5教科7科目で受験する生徒が、高3生の約6割以上いること。

②その試験で、約8割以上得点した生徒が、受験者の約1割以上いること。

③「難関大学」現役合格者数が15人以上いること。「難関大学」とは、東京大、京都大、一橋大、東京工大と国公立大学医学部医学科のことをさします。

選定の結果、進学指導重点校には、これまで通り**日比谷**、**西**、**国立**、**戸山**、**青山**、**八王子東**、**立川**の7校が選ばれました。

八王子東と立川は、③の15人以上を満たすことができませんでしたが、ほかの選定基準を満たしているとして、指定が継続されました。

進学指導特別推進校は、これまでの**小山台**、**駒場**、**新宿**、**町田**、**国分寺**、**国際**に加え、進学指導推進校だった**小松川**が昇格して7校に増えました。

進学指導推進校には、**多摩科学技術**が加わり、これまでと同じ13校（ほかに**三田**、**豊多摩**、**竹早**、**北園**、**墨田川**、**城東**、**武蔵野北**、**小金井北**、**江北**、**江戸川**、**日野台**、**調布北**）となりました。

【グラフ1】は、指定更新のときに公に示されたもので、特別推進校に

【グラフ1】進学指導推進校の国公立大学合格者数推移

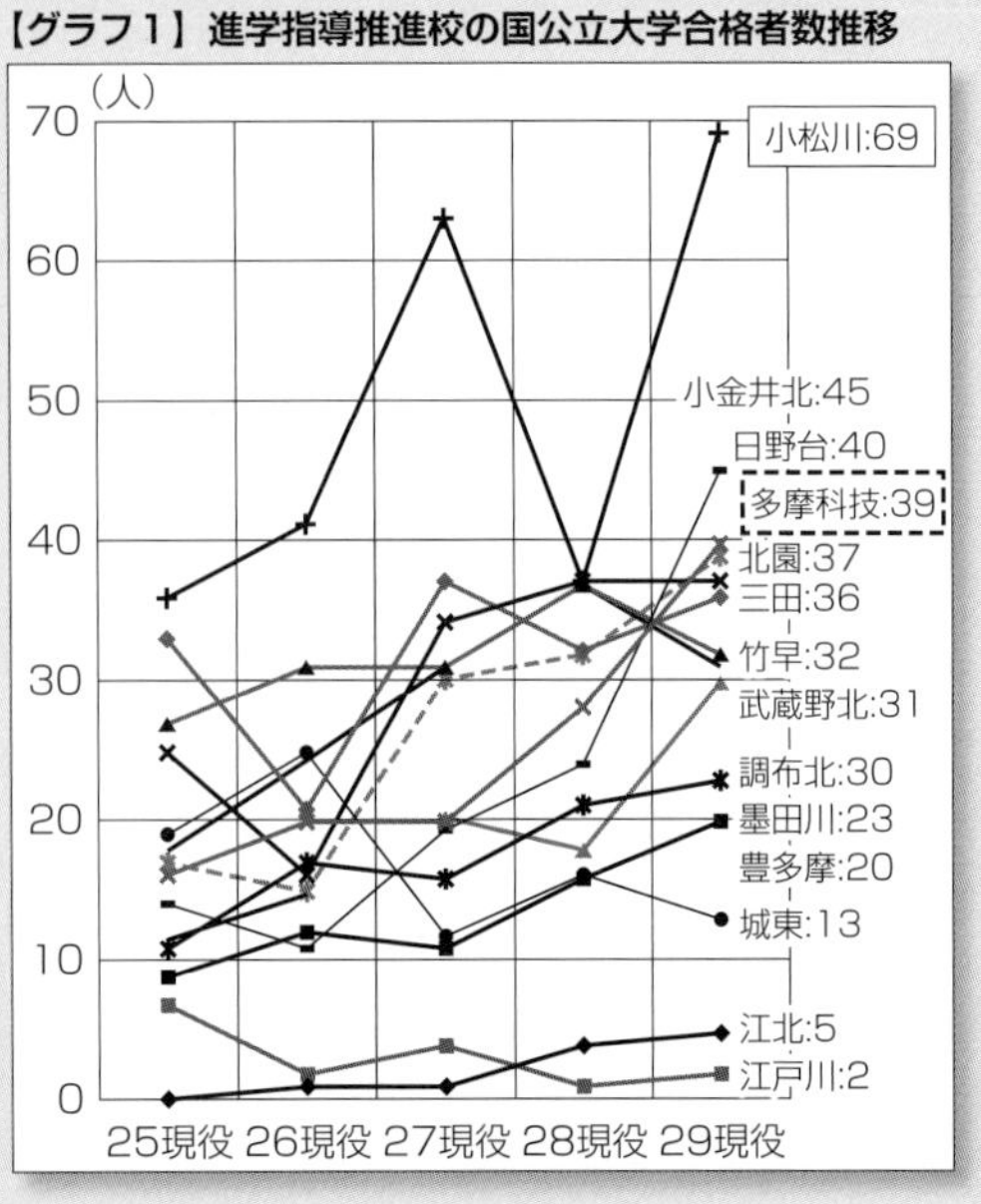

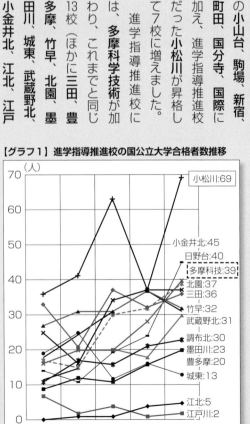

格上げされた小松川と、推進校に抜擢された多摩科学技術が、国公立大学への現役合格者数では、過去5年間で著しい伸びがあり、それぞれのグループでトップクラスの実績をあげていることがわかります。

指定期間は2022年度までの5年間です。またこの間に、基準に達した学校が現れれば追加指定することになりました。

国公立大学の合格数と占有率

このように東京都の大学合格実績の評価は、おもに国公立大学への合格件数で行われます。

【グラフ2】では、進学指導重点校7校と特別推進校7校の、今春の国公立大学合格者の占有率を示しました。占有率とは、合格者数を卒業者数で割ったもので、学年全体のどの程度の割合の生徒が合格したかを比べる目安の値です。

棒グラフの棒の、下の濃い部分が現役合格の占有率で、上の薄い部分が既卒者（浪人）です。

国公立大学の占有率が5割程度以上の学校は、日比谷、西、国立、八王子東、戸山の5校でいずれも進学指導重点校です。

4割以上は、残り2校の重点校・青山、立川と推進校の国分寺の3校しかありません。

3割以上は、小山台と新宿ですが、1学年320人程度の定員の学校では、100人ほどの国公立合格者（現浪計）がいることになります。

他の特別推進校・駒場、町田、国際と小松川は、学年で30〜60人の合格者がいることになります。

現役合格者のおよその占有率は、高い順に日比谷で4割、八王子東と戸山が3割5分、西、国立、青山、立川、国分寺が3割程度、小山台と新宿が2割5分などとなっています。

【グラフ2】進学指導重点校と進学指導特別推進校の合格大学における国公立大学占有率

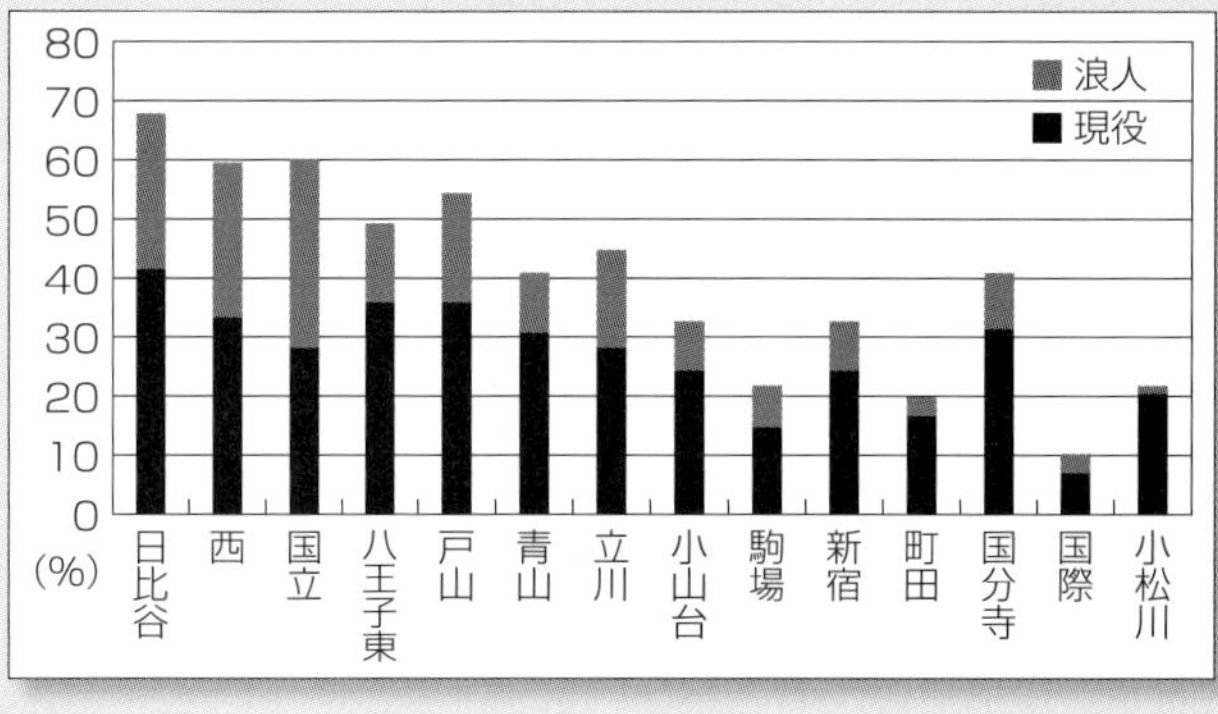

進学指導重点校の指定には厳しい基準がありますが、国公立大への合格者数を数字で比べると、特別推進校との間に、それほど大きな違いがあるようには見えないかもしれません。

進学指導重点校の難関大学合格実績

表では、今春、進学指導重点校から「難関大学」に合格した人数をまとめました。数字は現役と浪人の合計で、カッコ内の数字は現役合格者数です。

これを占有率で表すと、日比谷…36％（20％）、西…21％（11％）、国立…24％（9％）、八王子東…6％（4％）、戸山…12％（7％）、青山…9％（6％）、立川…8％（4％）となります（カッコ内は現役）。

日比谷では、2人に1人が国公立大学に合格していますが、さらに3人に1人以上が「難関大学」に（現役でも、5人に1人が）合格しています。

国公立大学でも、「難関大学」への合格数が多いのが進学指導重点校の特徴と言えます。

【グラフ3】では、進学指導重点校の2012年度（平成24年度）からの「難関大学」合格者数を棒グラフで示しました。棒の下の濃い部分が現役です。

【表】進学指導重点校の2018年度入試難関大学合格者数　カッコ内は現役合格者数

学校名	難関大学合計	東京大	一橋大	東工大	京都大	国公立大医学部
日比谷	117（66）	48（33）	25（16）	10（3）	6（4）	28（10）
西	66（34）	19（10）	12（6）	12（5）	11（6）	12（7）
国立	77（29）	26（7）	21（12）	7（2）	14（6）	9（2）
八王子東	19（13）	0（0）	8（8）	6（4）	3（1）	2（0）
戸山	39（22）	11（5）	9（6）	7（6）	5（2）	8（3）
青山	29（20）	7（5）	11（10）	5（3）	3（1）	3（1）
立川	24（13）	3（1）	5（3）	11（8）	4（1）	1（0）
合計	371（197）	114（61）	91（61）	58（31）	46（21）	63（23）

【グラフ3】進学指導重点校7校の難関大学合格者数合計

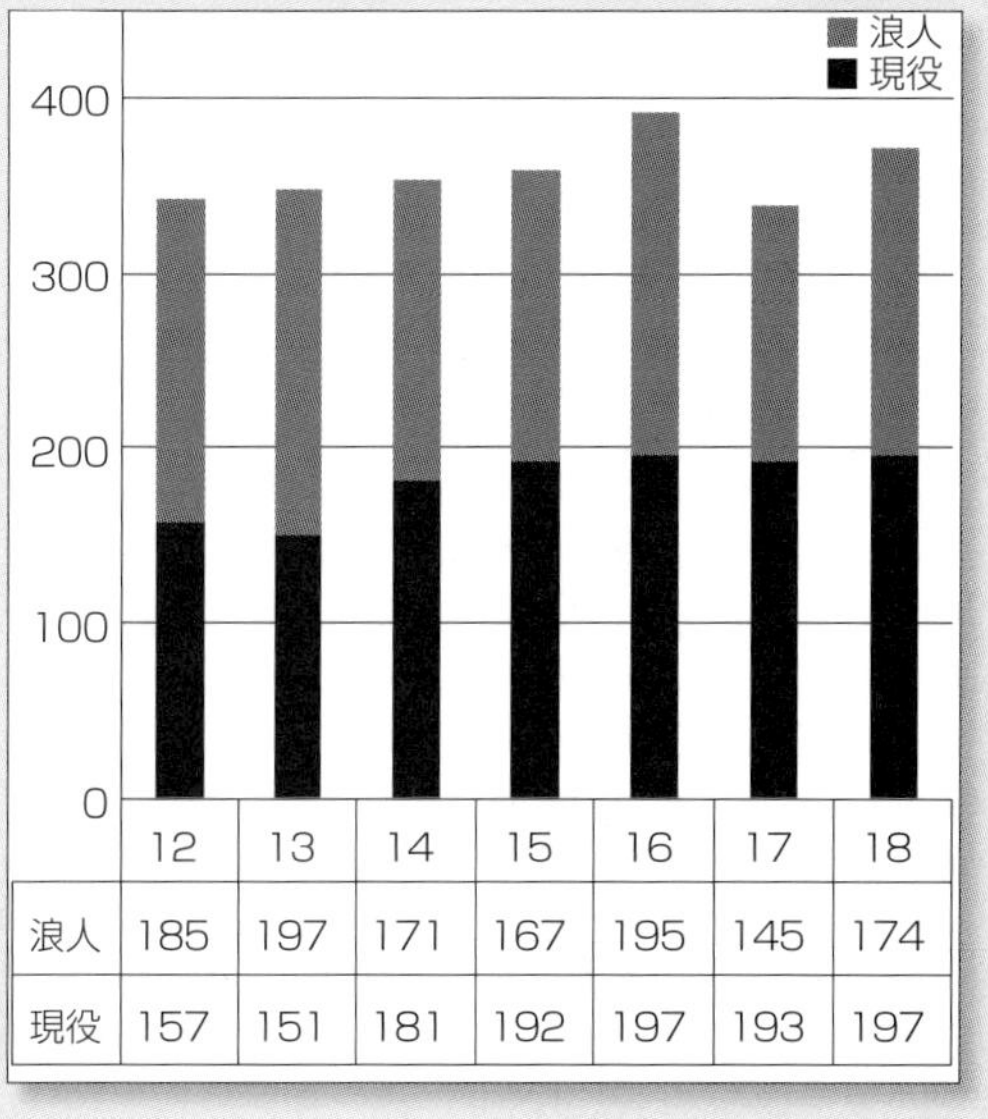

2013年（平成25年）ごろまでの、現役合格者数約150人のレベルが、最近は200人近くまで増えています。現浪計では、370〜380人とアップしていますが、やや停滞して見えるかもしれません。

【グラフ4】では進学指導重点校の、最近3年間の「難関大学」現役合格者数の推移を示しました。太い横線は、指定基準の1つの15人のラインです。

今年、これを超えたのは、日比谷（66人）、西（34人）、国立（29人）、戸山（22人）、青山（20人）の5校でした。八王子東と立川はいずれも13人と、15人に届きませんでした。

多摩地域に受検者の地盤を持つ、西、国立、立川、八王子東は、ここ数年実績を伸ばすことが難しくなっています。原因は色々考えられますが、その1つが、公立の中高一貫校がこの地域に多数できたためと考えられます。

進学指導重点校間に新しい動きも

都では当初、進学指導重点校を都立の進学実績向上のけん引車に育てるため、高い嶺の集まった八ヶ岳型の指定を行いました。しかし、現在は、日比谷を頂点とした富士山型の分布になっています。

ただ最近は、戸山のチームメディカルや西の海外大学チャレンジなど、新しい動きが出てきました。受検生は、各校の特徴をよく見きわめて、受検する学校を選びましょう。

【グラフ4】進学指導重点校の過去3年間の難関大学現役合格者数

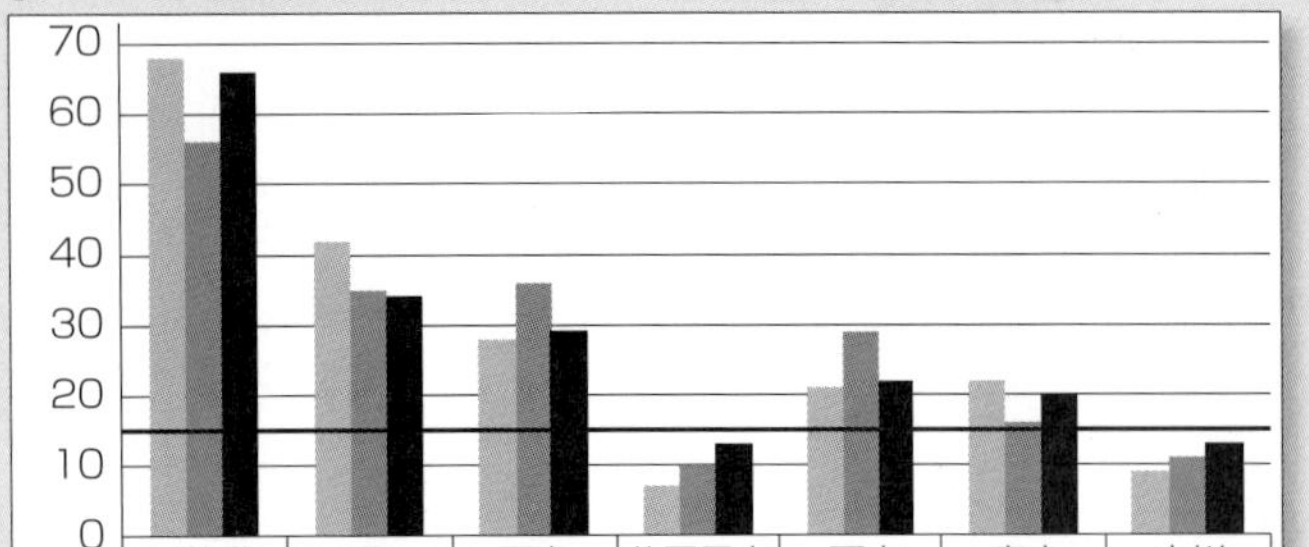

	日比谷	西	国立	八王子東	戸山	青山	立川
16	68	42	28	7	21	22	9
17	56	35	36	10	29	16	11
18	66	34	29	13	22	20	13

進学指導重点校各校の過去7年間の難関大学合格者数

【グラフ5】

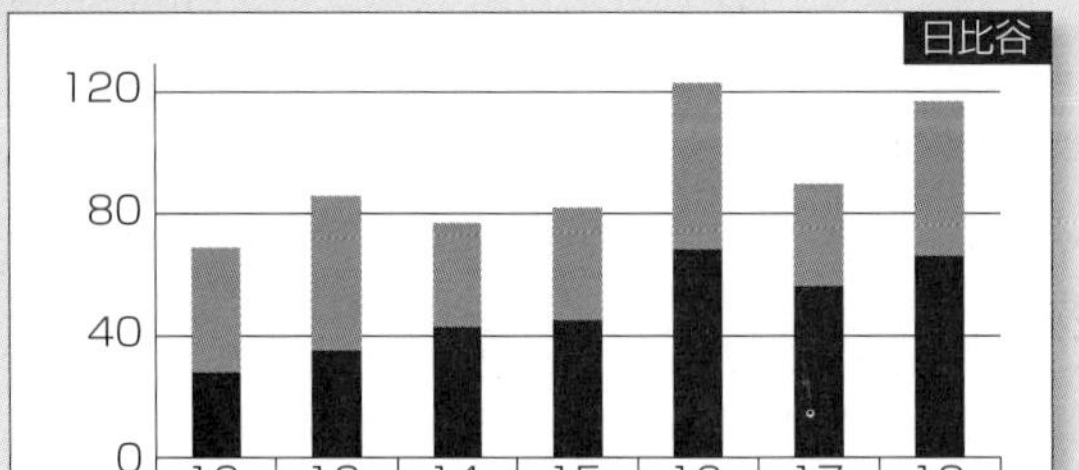

	12	13	14	15	16	17	18
浪人	41	51	34	37	55	34	51
現役	28	35	43	45	68	56	66

【グラフ6】

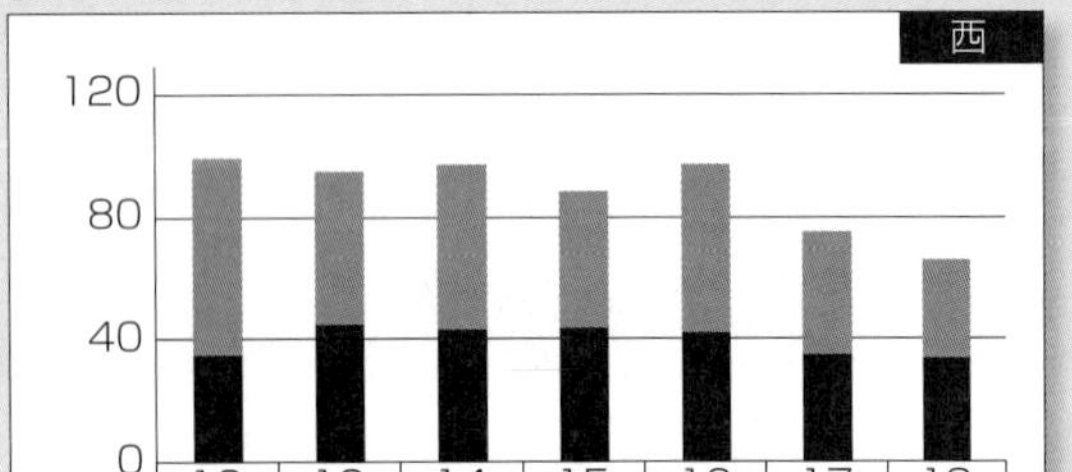

	12	13	14	15	16	17	18
浪人	64	50	54	44	55	40	32
現役	35	45	43	44	42	35	34

【グラフ7】

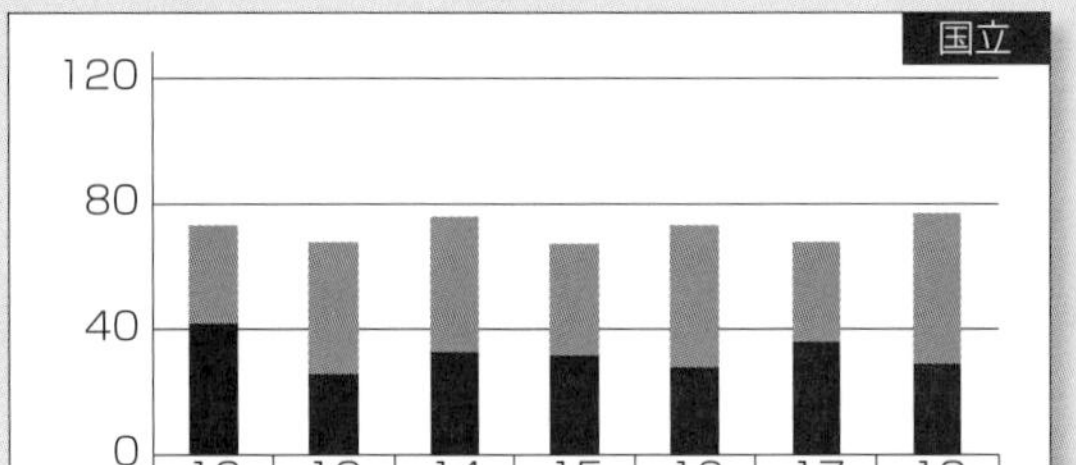

	12	13	14	15	16	17	18
浪人	31	42	42	35	46	32	48
現役	42	26	33	32	28	36	29

【グラフ8】

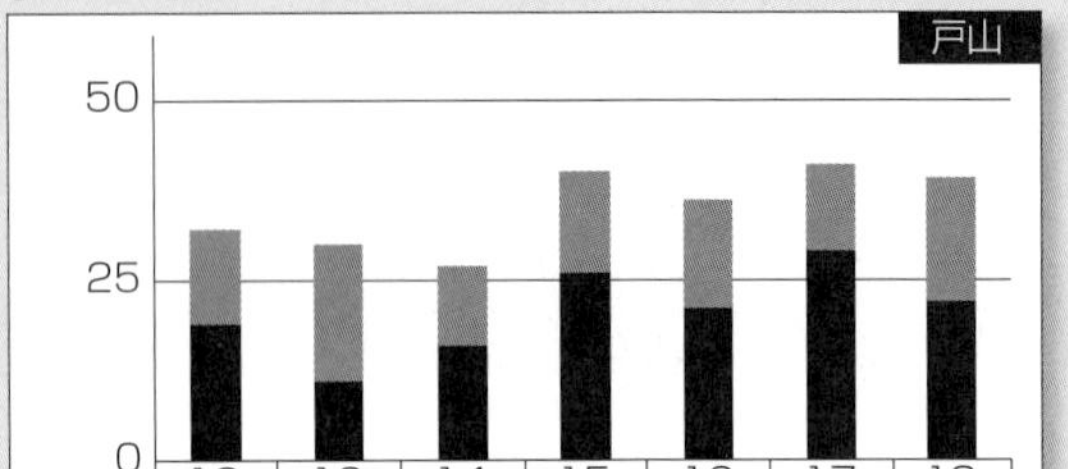

	12	13	14	15	16	17	18
浪人	13	19	11	14	15	12	17
現役	19	11	16	26	21	29	22

【グラフ9】

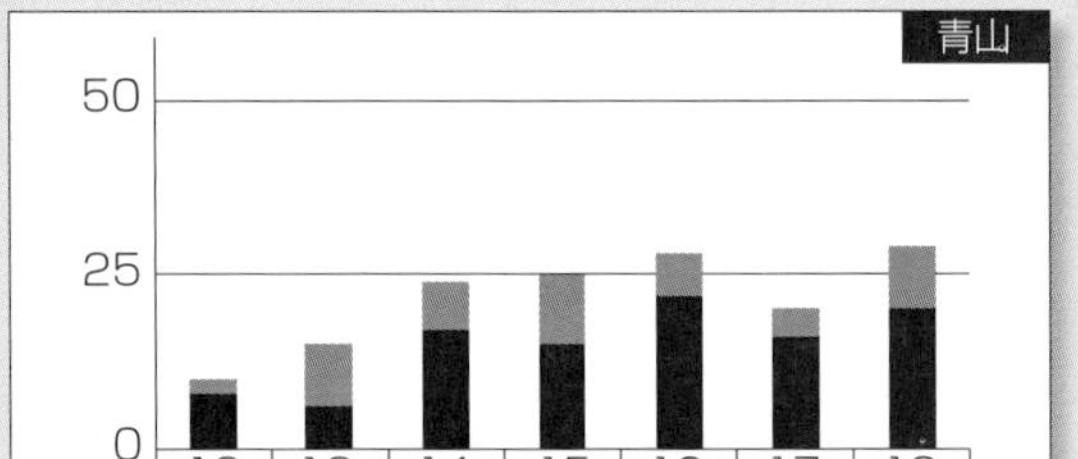

	12	13	14	15	16	17	18
浪人	2	9	7	10	6	4	9
現役	8	6	17	15	22	16	20

【グラフ10】

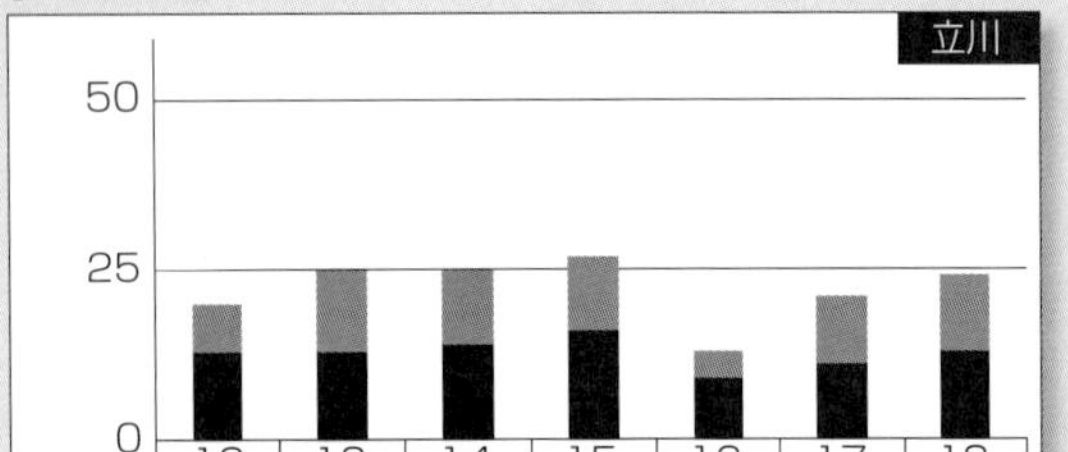

	12	13	14	15	16	17	18
浪人	7	12	11	11	4	10	11
現役	13	13	14	16	9	11	13

【グラフ11】

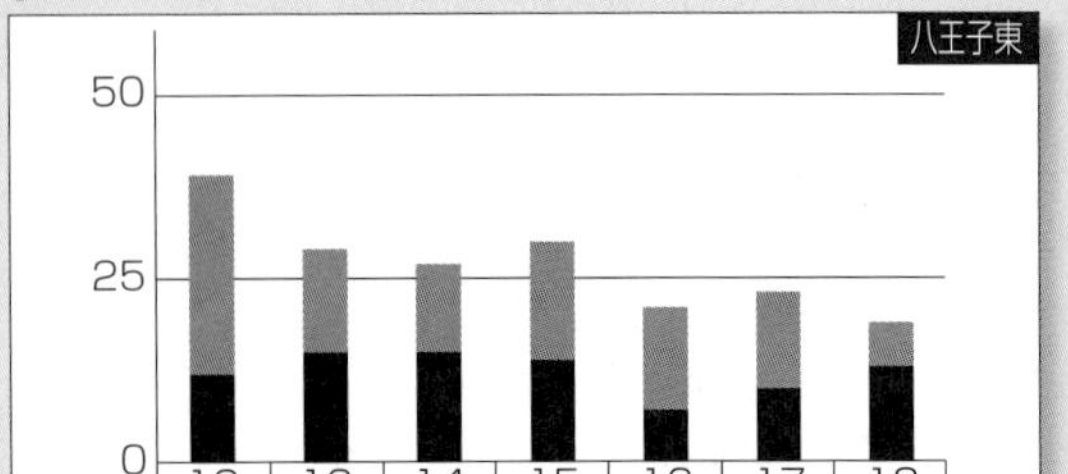

	12	13	14	15	16	17	18
浪人	27	14	12	16	14	13	6
現役	12	15	15	14	7	10	13

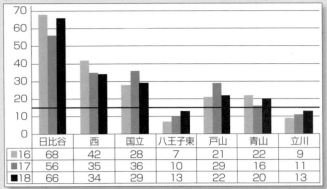

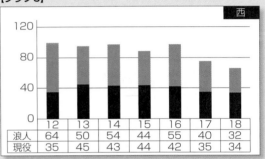

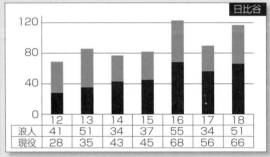

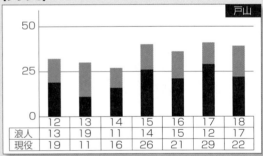

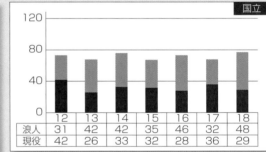

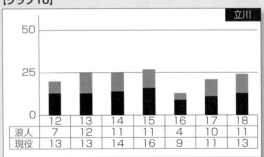

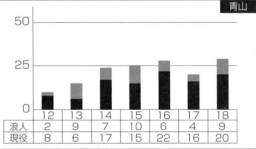

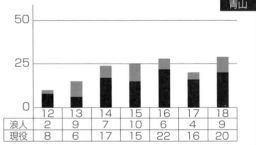

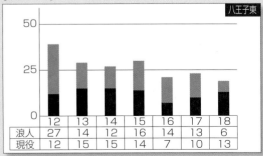

高校入試の基礎知識

学校説明会ではここを見よう

夏休みは、志望校選択の大事なプロセス、学校説明会が本格化する時期でもあります。これまでも学校説明会で学校を知ることの必要性を説いてきましたが、ここでは実際に学校説明会に参加したとき、学校のどこを見てくればいいかについて、そのポイントをお話しします。

受験可能性がある学校の説明会には必ず参加しよう

夏休みが始まって、そろそろ折り返し地点を過ぎるところです。

いま、私立高校を中心に、受験生向けの学校説明会が盛んに開催されていることでしょう。

学校説明会は、その学校への入学を志望する受験生やその保護者に向けて、学校の魅力や学校生活の様子、募集要項、入試に関する注意点などをお知らせするために、学校が開催するイベントです。

もともとは私立高校が積極的に行っていましたが、現在では公立高校も年に数回の学校説明会を開催するようになっています。

この時期、私立高校のなかには、すでに数回の学校説明会を終えているところもありますが、首都圏ではほとんどの高校の学校説明会が、夏休みに入ってから始まり、11月ごろまでの間に集中します。

公立高校も、積極的に学校説明会を開催するようになっていますし、受験生・保護者に向けたものだけでなく、いまでは進学塾の先生方に向けた学校説明会も、公立高校が行っているほどです。

学校説明会とは名づけていなくとも、「授業見学会」や部活動も体験できる「オープンキャンパス」などを行っている学校もあります。

授業見学は、随時受け入れている学校もあります。公立高校でも同様の見学を認めている学校があります。

また、さまざまな形態で、大小の「合同学校説明会」も、そこここで開催されています。都内、県内の私立高校が一堂に会す、大規模なものから、2、3校参加の合同説明会もあります。

その都県の公立高校が全校集合して、というものもあります。

神奈川では、地域ごとに私立・公立が共同で開催する合同学校説明会も開かれています。

さて、これから開催される説明会日程は、各校ともすでにホームページなどで発表しています。まずは日程を確認して足を運んでみましょう。

とくに、説明会の回数が少ない学校は初秋に集中します。

志望校の説明会日程が重複してしまう場合もありますので、その日はどちらを優先するのか、早めの確認が必要です。

高校入学後に「こんなはずでは……」などということにならないた

めにも、受験可能性のある学校の説明会へは必ず参加しておきましょう。

また、いくつかの学校に足を運び、そこで比較することによって学校を見る目も養われ、併願校を絞り込む際に重要なポイントにもなります。

校風や在校生の様子、施設 交通の便や周囲の環境も大切

さて、学校説明会に足を運んだ際、チェックすべきポイントについて話を進めます。

■校風

教育理念・目標、また、生徒をどのような人間として育もうとしているのか。面倒見はどうか、生徒の主体性に任せているか、逆に生徒に任せ過ぎてはいないか、校則は厳しいのか、学力だけでなく生活指導も充実しているか、「厳しい学校」なのか、「伸びのびした学校」なのかなどを確認しましょう。

もちろん大切なことは、自分に合った校風を持っているかどうかです。

中学生なら「自由な学校がいい」と考えがちですが、そこには落とし穴もあります。

人から言われなくても自分で計画を立てて勉強できるという人ならば、伸びのびとした「自由な学校」もいいのですが、逆に、あなたが自分で計画を立ててコツコツ勉強できないという性格ならば、きちんと生徒1人ひとりの面倒を見てくれる学校の方がいい、というわけです。

校風の見方として、学校にとって不利なことが起きたときにも、きちんと保護者・生徒に説明してくれるかどうか、も知りたいところてす。

定期テスト不合格者の扱い、宿題未提出者の扱いはどのようになっているか、規則違反（いじめにつながりそうな事例）があったときの対処法なども知りたいところですが、このあたりは保護者が質問するべきことでしょう。

■在校生の様子

学校に行ったら、在校生の様子を見てくることが大切です。

・活発かどうか、明るく目が輝いているか？
・あいさつの有無（声が出ていればいいのではなく、自主的かどうかについて、よく観察しましょう）
・先生と生徒の距離は？
・服装、頭髪、持ちものは？

などについて観察します。

その際には、自分は、そういう生徒たちと友だちになれるか、という視点で見てみることです。

■授業時間と教育内容

・日々の課題や予習の量と内容
・授業時間や時間割（1時限は学校によって45分、50分、65分、70分などさまざま）
・土曜日は授業を行うのか
・始業時間と終業時間
・部活動の時間制限（朝練は？）

などを聞いてきましょう。

高校によっては、日々の課題をたくさん出す学校があり、課題の量が中学校時代とは比較にならないほど多い学校もあります。

じつは高校生の悩みの大半が、課題の多さや授業の進度についていけないことにあるといいます。

案内係の在校生に気軽に話しかけて確かめましょう。

■補習や土曜授業の有無

補習の実際、土曜をどのように活用しているか、国公立大コース、私大コース、理系・文系コースなどコース選択の実際や、各コースの大学進学対策を知っておきましょう。

学校への質問としては、2020年度から始まる大学入試改革について、どのような対策を練っているか、すでに実行しているかも、大事な要素でしょう。

放課後に予備校に通う費用は、保護者にとっては大きな負担となります。大学受験対策として学校側がとっている方策も確かめたいことの1つです。生徒にも聞いてみましょう。

■部活動・行事

部活動に力を入れているか、興味のある部活動があるか、設備は充実しているかなども重要です。

オープンキャンパスなどを行っていて体験入学で部活動体験ができる学校もあります。よく調べましょう。

学校行事では、体育祭の様子や修学旅行（国内、海外、その費用）、文化祭、合唱祭などの規模や楽しさなども確かめます。

■進学実績

大学への合格者数だけでなく、実際の進学実績を知っておきたいところです。私立大学の場合、1人でたくさんの大学を受験することが可能ですので、合格者数という数字だけでは、あいまいです。

これらに限らず、学校説明会では、学校案内パンフレットやホームペー

ジには書いていない情報や資料を得ることができることが魅力です。質問にも先生方は熱心に答えてくれるはずです。

とくに大切なのは、各コースごとの進学実績です。私立高校には、さまざまなコースが設定されています。進学実績は、学校全体での実績が示してありますから、いま、あなたが進もうとしているコースの実績はわからないのです。しかし、質問をすれば答えてくれます。

「このコースでは国公立は難しいか」「そのコースで学年上位何％くらいに入れば国立や、早慶上智に合格できる可能性がでてくるのか」といった質問をしてみましょう。

また、大学への指定校推薦枠についても、聞いておきましょう。どんな大学に何人ぐらいの推薦枠があるのか、が大切です。

■交通の便と立地環境

その学校が自分に合っているかどうかという点で、とくに重要なのが交通の便です。毎日通学するのですから、自宅から学校までの経路について、電車やバスの時刻表、乗り継ぎの良し悪しなどをチェックします。

実際に足を運んでみて遠すぎるのはもちろん、何度も乗り換えないといけない場合は考えものです。どうしてもムダな時間ができることになります。

通学時間を考えるときに必要な要素があります。それは、高校に入ったら、どんな部活動に入るのか、塾や予備校に通う予定はあるか、といったことまで考えておくことです。

ハードな部活動でも、ぜひ入りたいとなったら、通学時間がかかるのでは部活動にもマイナス材料となります。予備校に通いたいと思うのならば、下校→予備校ルートも視野に入れる必要があります。

そのほか電車の乗り換えがなく座れるのなら、通学時間が長くとも、読書やテスト勉強ができるので時間はムダではないことになります。

スポーツ推薦や大学進学実績などで、「この高校一本」ということでない限り、通学が便利な高校を選ぶのが常道でしょう。目安としては、やはり1時間以内でしょう。

そのほか、自転車通学を認めていない学校もありますので、チェックしましょう。

また、学校の立地環境も重要です。周辺の様子（繁華街、ゲームセンター、危険な場所などの有無、騒音、自然環境など）はもちろん、文房具屋、書店、公立図書館は近くにあるかといったことも、高校3年の受験学年になれば大切になってきます。説明会の帰途、学校周辺を散策しながら確かめましょう。

■施設

校舎や教室、特別教室、図書館、自習室、体育館や武道館、グラウンドなどの一般教育施設・運動施設、コンピュータ室、部室、ロッカー、女子更衣室、食堂が充実しているか、また、毎日使うことになるトイレの清潔感もチェックしたいものの1つです。

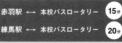

7月号の答えと解説

問題 ▶ ワードサーチ（単語探し）

リストにある英単語を、右の枠のなかから探し出すパズルです。単語は、例のようにタテ・ヨコ・ナナメの方向に一直線にたどってください。下から上、右から左へと読む場合もあります。また、１つの文字が２回以上使われていることもあります。パズルを楽しみながら、「野菜」を表す単語を覚えましょう。

最後に、リストのなかにあって、枠のなかにない単語が１つだけありますので、それを答えてください。

A	F	G	D	N	I	K	P	M	U	P	R
B	S	N	O	I	N	O	U	X	E	A	B
R	Q	P	T	K	C	S	V	N	G	Y	T
O	E	O	A	U	H	A	F	A	G	J	E
C	R	W	T	R	G	Z	B	E	P	I	C
C	E	T	O	M	A	T	O	B	L	E	U
O	B	O	P	L	E	G	R	Y	A	W	T
L	M	Y	T	W	F	R	U	O	N	G	T
I	U	H	C	A	N	I	P	S	T	A	E
D	C	X	Y	D	C	H	L	M	Q	R	L
A	U	L	Q	O	S	A	G	U	C	L	S
G	C	A	R	R	O	T	J	K	A	I	F
E	Z	N	I	V	C	E	L	R	Y	C	P

【単語リスト】

- asparagus（アスパラガス）
- broccoli（ブロッコリー）
- cabbage（キャベツ）
- carrot（ニンジン）
- cauliflower（カリフラワー）
- celery（セロリ）
- corn（トウモロコシ）【例】
- cucumber（キュウリ）
- eggplant（ナス）
- garlic（ニンニク）
- lettuce（レタス）
- mushroom（キノコ）
- onion（タマネギ）
- potato（ジャガイモ）
- pumpkin（カボチャ）
- soybean（ダイズ）
- spinach（ホウレンソウ）
- tomato（トマト）

解答 ▶ celery（セロリ）

解説

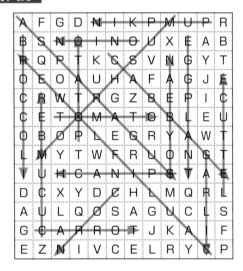

A	F	G	D	N	I	K	P	M	U	P	R
B	S	N	O	I	N	O	U	X	E	A	B
R	Q	P	T	K	C	S	V	N	G	Y	T
O	E	O	A	U	H	A	F	A	G	J	E
C	R	W	T	R	G	Z	B	E	P	I	C
C	E	T	O	M	A	T	O	B	L	E	U
O	B	O	P	L	E	G	R	Y	A	W	T
L	M	Y	T	W	F	R	U	O	N	G	T
I	U	H	C	A	N	I	P	S	T	A	E
D	C	X	Y	D	C	H	L	M	Q	R	L
A	U	L	Q	O	S	A	G	U	C	L	S
G	C	A	R	R	O	T	J	K	A	I	F
E	Z	N	I	V	C	E	L	R	Y	C	P

正解のcelery「セロリ」（発音は/séləri/で、「セルリー」に近い）は、別名を「オランダみつば」といい、ニンジンやミツバと同じセリ科の仲間です。苦手な人も多いあの独特の香りには、食欲不振や頭痛をやわらげる作用があるそうです。

celeryは、asparagus、corn、garlic、spinachなどとともに数えられない名詞（不可算名詞）で、１株、または１房で数えます。株で数えるときはa head of ～を、房として数えるときはa bunch of ～を使います。セロリの茎の１本ずつをさすときはstalk of ～を使って数えます。ネギやアスパラガスなど細長い野菜のときにもこれが使えます。

- a head of celery（cabbage）
  …セロリ（キャベツ）１株（玉）
- two bunches of celery（spinach）
  …セロリ（ホウレンソウ）２房（束）
- three stalks of celery（asparagus）
  …セロリ（アスパラガス）３本

そのほか、

- an ear of corn … トウモロコシ1本
- a clove of garlic … ニンニク１かけ
- four lettuce leaves … レタスの葉４枚

などの表現も、余裕があれば覚えておきましょう。

中学生のための 学習パズル

今月号の問題

漢字クイズの迷路

スタートから、漢字クイズの正解を選びながら迷路を進んでください。

このとき、クイズの正解が**A**ならば下（↓）に、**B**ならば右（→）に、**C**ならば上（↑）に、**D**ならば左（←）に進んでください。

最後にたどりつく出口は、**あ**～**し**のどこになるでしょうか。

スタート ↓

①「シ末をつける」の「シ」は？
A 始
B 仕

②「むくわれる」の送りがなで正しいのは？
A 報くわれる
B 報われる
C 報れる
D 報る

③「気持ちが解れる」の「解れる」の読みは？
A ほぐれる
B こじれる
C わかれる
D まぎれる

④「足元から□が立つ」この句の□に入るのは？
A 腹
B 鳥
C 蛇
D 男

⑤「□年□日」「海□山□」□に入る漢数字の合計は？
A 12
B 210
C 2011
D 11020

⑥ 昆虫でないのは？
A 蝙蝠
B 天牛
C 水馬
D 源五郎

⑦「強コウ手段をとる」の「コウ」は？
A 行
B 攻
C 剛
D 硬

⑧ 植物でないのは？
A 守宮
B 土筆
C 羊歯
D 仙人掌

⑨「泥棒を捕えて縄を綯う」の「綯う」の読みは？
A かう
B あがなう
C つくろう
D なう

⑩「弓に矢を番える」の「番える」の読みは？
A かまえる
B ひかえる
C つがえる
D たずさえる

⑪ 正しい四字熟語は？
A 前後不確
B 質議応答
C 日新月歩
D 大義名分

⑫「火中の□を拾う」この句の□に入るのは？
A 栗
B 石
C 芋
D 金

出口：し（②の上）、さ（③の上）、こ（③の右）、け（⑥の右）、く（⑨の右）、き（⑫の右）、か（⑫の下）、お（⑪の下）、え（⑩の下）、う（⑩の左）、い（⑦の左）、あ（④の左）

応募方法

左のQRコードからご応募ください。
◎正解者のなかから抽選で３名の方に図書カード（1000円相当）をプレゼントいたします。
◎当選者の発表は本誌2018年11月号誌上の予定です。
◎**応募締切日 2018年9月15日**

7月号学習パズル当選者

全正解者25名

坂入光太郎さん（中3・東京都世田谷区）
宮下さくらさん（中3・埼玉県越谷市）
永田　遥基さん（中1・千葉県浦安市）

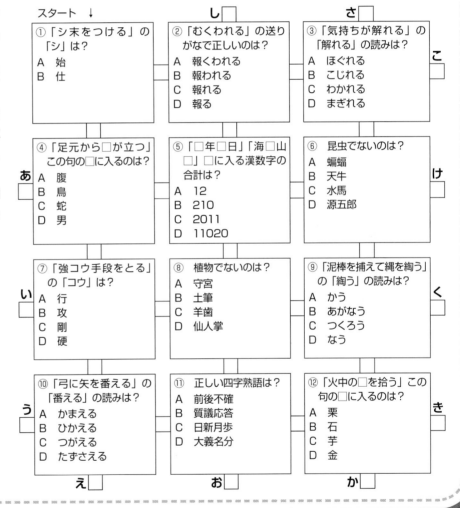

二《に》松《しょう》學《がく》舎《しゃ》大《だい》学《がく》附《ふ》属《ぞく》高等学校

● 東京都千代田区九段南2-1-32
● 地下鉄東西線ほか「九段下駅」徒歩6分、JR総武線ほか「市ヶ谷駅」「飯田橋駅」徒歩15分
● 03-3261-9288
● http://www.nishogakusha-highschool.ac.jp/

夏休み学校見学会

8月16日(木)　8月17日(金)
8月20日(月)　8月21日(火)
8月22日(水)　8月23日(木)
すべて10：00／14：00

二松學舎祭(文化祭)

9月29日(土)　9月30日(日)
※個別相談あり

問題

右の図のように，放物線 $y = ax^2$ 上に２点Ａ（－４，８），Ｂ（２，２）がある。直線ABと y 軸との交点をＣとするとき，次の問いに答えなさい。

(1) a の値を求めなさい。
(2) 直線ABの方程式を求めなさい。
(3) △OABの面積Ｓを求めなさい。
(4) 点Ａを通り△AOCの面積を２等分するような直線の方程式を求めなさい。

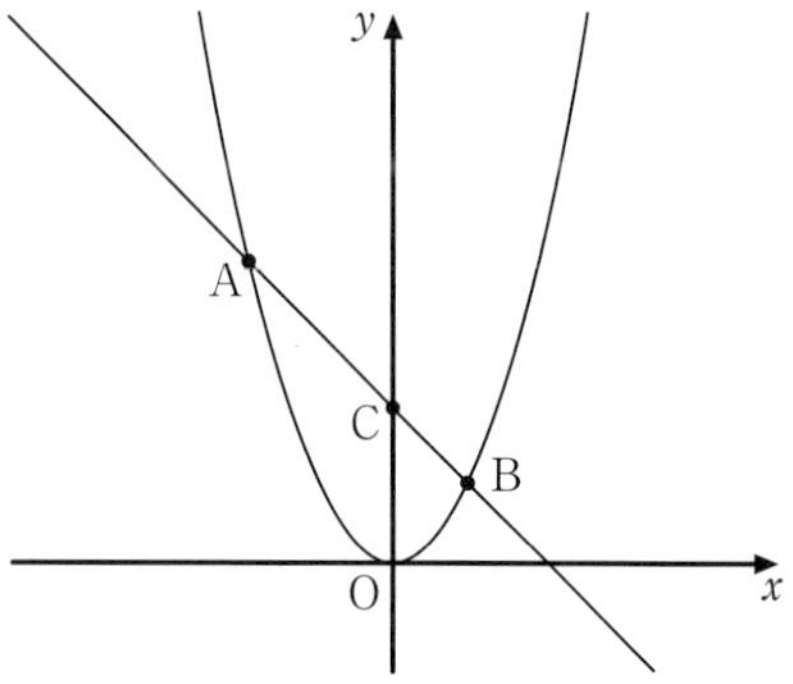

解答　(1) $a=\frac{1}{2}$　(2) $y=-x+4$　(3) $S=12$　(4) $y=-\frac{3}{2}x+2$

和《わ》洋《よう》国《こう》府《の》台《だい》女《じょ》子《し》高等学校

● 千葉県市川市国府台2-3-1
● 京成線「国府台駅」徒歩9分、JR総武線「市川駅」・JR常磐線・新京成線「松戸駅」バス
● 047-371-1120
● http://www.wayokonodai.ed.jp/

オープンスクール〈要予約〉

8月25日(土)　9月29日(土)
両日とも13：30

学校説明会

10月20日(土)　11月10日(土)
両日とも14：00

ミニ見学会〈要予約〉

11月24日(土) 10：00／14：00
12月8日(土) 14：00

問題

次の図のように，１辺の長さが６cmの正方形ABCDの辺AB上に点Ｅを，直線BC上に点Ｆを，AE＝CF＝２cmとなるようにとる。

また，直線BC上に点Ｇを，∠ADE＝∠EDGとなるようにとる。このとき，次の問いに答えよ。

(1) 線分EFの長さを求めよ。
(2) 線分DGの長さを求めよ。

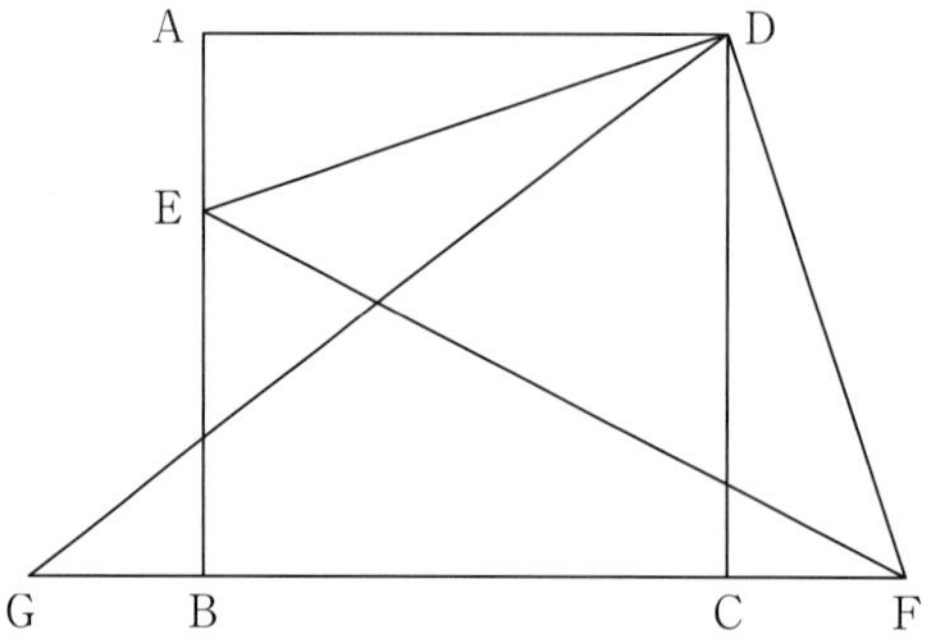

解答　(1) $4\sqrt{5}$ cm　(2) 10cm

私立高校の入試問題

桐《とう》蔭《いん》学《がく》園《えん》高等学校

問題

右の図のような，直方体の頂点を結んでできた四面体OABCについて，AB＝AC＝5，BC＝6であるとき，次の□に最も適する数字を答えよ。

(1) △ABCの面積は[ア][イ]である。

(2) 右の図のような直方体の体積は[ウ][エ]$\sqrt{[オ]}$であり，四面体OABCの体積は[カ]$\sqrt{[キ]}$である。

(3) 四面体OABCの表面積は[ク][ケ]であることから，四面体OABCのすべての面に接する球の半径は$\dfrac{[コ]\sqrt{[サ]}}{[シ]}$である。

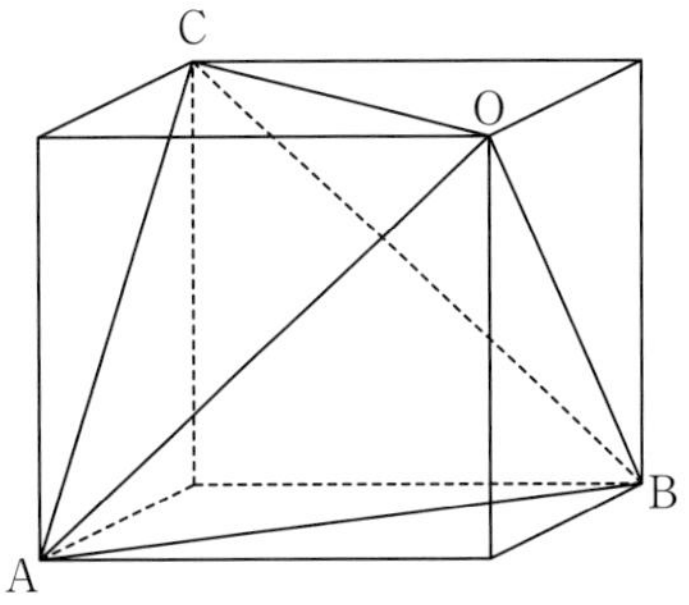

解答　(1) [ア]1，[イ]2　(2) [ウ]1，[エ]8，[オ]7，[カ]6，[キ]7　(3) [ク]4，[ケ]8，[コ]3，[サ]7，[シ]8

- 神奈川県横浜市青葉区鉄町1614
- 東急田園都市線「青葉台駅」「市が尾駅」、東急田園都市線・横浜市営地下鉄ブルーライン「あざみ野駅」、小田急線「柿生駅」「新百合ヶ丘駅」バス
- 045-971-1411
- http://toin.ac.jp/high/

鵬翔祭（学園祭）

9月23日（日祝）　9：00～16：00
9月24日（月振）　9：00～15：30

学校説明会〈要予約〉

11月17日（土）10：00／14：30
11月24日（土）10：00／14：30
12月8日（土）10：00／14：30

東《とう》京《きょう》都《と》市《し》大《だい》学《がく》等《と》々《ど》力《ろき》高等学校

問題

8％の食塩水300 gが入っている容器Aと3％の食塩水200 gが入っている容器Bがある。次の問いに答えよ。

(1) 容器Aの食塩水と容器Bの食塩水を混ぜて5％の食塩水200 gを作る。このとき，容器Aから取り出した食塩水の重さは何gか。

(2) 容器Aの食塩水200 gを容器Bに移しよくかき混ぜる。その後，容器Aの食塩水を加熱し，50 g蒸発させ，容器Bに食塩を加えてよく混ぜた。最後に，容器Bの食塩水を150 gだけ容器Aに移してよくかき混ぜたとき，容器Aの食塩水の濃度は19％になった。このとき，容器Bに加えた食塩の重さは何gか。

解答　(1) 80 g　(2) 72.5 g

- 東京都世田谷区等々力8-10-1
- 東急大井町線「等々力駅」徒歩10分
- 03-5962-0104
- http://www.tcu-todoroki.ed.jp/

学校説明会〈要予約〉

9月15日（土）16：00
10月14日（日）10：00
11月17日（土）10：00
12月16日（日）10：00

藍桐祭（文化祭）

9月29日（土）　9月30日（日）
両日とも10：00～16：00

みんなの お便りコーナー

\Letter Section/

サクセス広場

テーマ 私の特技

ルービックキューブです。友だちが６面そろえてるのを見て、やる気が出て１日で覚えました。いまはタイムを伸ばすことが目標です。１分半をきりたいです！
（中１・らすくさん）

これまでに見た**間違い探し**で見落としたことは１回もありません。
（中３・ウォーリー探しまくりさん）

コオロギを捕まえることです。同級生にも認められています。教室に持っていくと女子に怒られますけど！
（中２・虫は大事にさん）

ものすごーく**小さい鶴**を折れる。でも針に糸を通すのは苦戦するから、手が器用ってわけでもない…とほほ。
（中２・みりさん）

どこでも**すぐに寝られる**こと！私は特技だと思っているのですが、勉強中も寝そうになることがあるから、いいことではないのかな…？
（中１・ねむねむさん）

一気飲み大会とかあれば優勝間違いなしってくらい**ペットボトル飲料**を早く飲み干すことができます（ただし炭酸飲料は除く）。
（中１・アクエリマンさん）

テーマ 家庭科の授業・好きな理由

裁縫で物を作ることが大好きだからです。いまでも中２のころに作ったブックカバーを愛用しています。
（中３・都ベスト16の猛者さん）

５教科と違って大人になったとき、**役に立ちそう**だからです！
（中１・まふらーのあかねさん）

男も家事ができなきゃモテないといわれるこの時代、授業で**家事（裁縫、料理）を色々学べる**のがありがたい。
（中２・モテ鯛さん）

食べるの大好きなんで、**調理実習**の日は最高です！　毎回調理実習だったらいいのに!!
（中２・趣味は食べることさん）

家庭科の**先生が癒し系**だからです。話し方もすごく優しくてみんなのお母さんて感じです。
（中３・家庭科大好きさん）

住宅の間取り図について学ぶ授業で、将来どんな家に住みたいか考えるのが楽しかった。間取り図の読み方も学んだから、不動産屋さんに貼ってある間取り図を見るのも楽しみになった！
（中３・ケンチさん）

テーマ 夏休みに読みたい本

山田悠介さんの本、すべてです！ユーモアあふれる非現実的なストーリーで、いつもドキドキしながらみています。一度読むと夢中になって読み終わるまで寝られなくなります！
（中２・マンゴー、イチゴ、抹茶大好きさん）

『サマーウォーズ』（岩井恭平）。映画もいいけど、小説は映画の内容が細かく書かれているのでおすすめ。
（中３・よろしくお願いしますさん）

『八月の博物館』（瀬名秀明）です。タイトルだけで夏休みに読むしかないと思ってしまいませんか？
（中１・夏が来る！　さん）

夏休みは時間がたっぷりあるから、**『ハリー・ポッター』**シリーズを全巻一気読みする！
（中１・ネビルファンさん）

日本史がマイブームなので、歴史小説を読む！　まずは父おすすめの**『竜馬がゆく』**（司馬遼太郎）を読みます。
（中２・S.N.さん）

必須記入事項

A／テーマ、その理由　**B**／郵便番号・住所
C／氏名　**D**／学年　**E**／ご意見、ご感想など

右のQRコードからケータイ・スマホでどしどしお寄せください！
住所・氏名は正しく書いてください。
ペンネームは氏名のうしろに（　）で書いてネ！
【例】サク山太郎（サクちゃん）

Present!! 掲載された方には抽選で３名に**図書カード**をお届けします！
（500円相当）

募集中のテーマ

「秋の楽しみ」

「感動の友情エピソード」

「もし宇宙旅行に行けたら…」

応募〆切 2018年9月15日

ここから応募してね！

ケータイ・スマホから上のQRコードを読み取って応募してください。

掲載にあたり一部文章を整理することもございます。個人情報については、図書カードのお届けにのみ使用し、その他の目的では使用いたしません。

世間で注目のイベントを紹介

サクセス イベントスケジュール

8月～9月

季節の果物 モモ

甘い柔らかな果肉が魅力のモモ。原産地である中国では、モモは魔除けや不老長寿のシンボルであり、お祝いの場ではモモの実をかたどったおまんじゅうを食べる習慣がある。日本でも、『古事記』のなかで、モモが邪気を払うアイテムとして登場しているよ。

1 \\大人気漫画の祭典！//

荒木飛呂彦原画展
JOJO 冒険の波紋

8月24日（金）～10月1日（月）
国立新美術館　企画展示室２Ｅ

1987年（昭和62年）から連載が始まった人気漫画『ジョジョの奇妙な冒険』。その世界観を著者・荒木飛呂彦《あらきひろひこ》の原画をはじめ、さまざまな関係資料を通じて紹介する史上空前の展覧会だ。今回のために描き下ろした12枚の大型原画など『JOJO』好きには見逃せない見どころ多数。チケットは完全日時指定制だけど、中学生以下は無料で鑑賞できるよ※。

※学生証等年齢の確認できるものの提示が必要。混雑時は入場まで待つ場合あり。

2 \\仏像の魅力がいっぱい//

特別展
「仏像の姿《かたち》」
～微笑む・飾る・踊る～

9月15日（土）～11月25日（日）
三井記念美術館

日本の仏像の魅力について、実物の仏像とともに、仏像を作る仏師の感性や技術に注目する展覧会が三井記念美術館で開催される。仏像の表情に注目する「顔」、宝冠や着衣、台座など仏像を飾る「装飾」、仏像の身体の動きを探る「動きとポーズ」の３つのテーマから仏像を見つめる。東京藝術大学保存修復彫刻研究室とコラボしたコーナーも必見。

3 \\ロボットの世界を堪能//

東京工芸大学Presents
ロボットフェスティバル2018

9月1日（土）
パシフィコ横浜　展示ホールC

「ロボットフェスティバル2018」は、子どもから大人まで楽しめるロボットのお祭りだ。「マイクロマウス」「ロボット相撲」「ROBO-ONE」「ロボカップ」「ミニ四駆AI」の５つのロボットコンテストが同時開催される「競技エリア」と、工作教室や体験イベントが実施される「体験エリア」で構成され、ロボットの世界を堪能できるイベントだよ。

4 \\思いっきり中国！//

日中平和友好条約締結40周年記念
チャイナフェスティバル2018

9月8日（土）・9月9日（日）
代々木公園　イベント広場

残暑の疲れを吹き飛ばしたいなら、２日間にわたって中国芸能、芸術、食、観光資源、経済、パフォーマンスなど、さまざまな中国文化を楽しめる「チャイナフェスティバル2018」がおすすめ。「炎の激辛中華Ｇ１グランプリ」や「日中カラオケコンテスト」などおもしろいスペシャル企画もいっぱい。おいしい中華料理を食べながら楽しみたいね。

5 \\貴重な書物との出会い//

[世界を変えた書物] 展

9月8日（土）～9月24日（月振）
上野の森美術館

コペルニクスの地動説、ニュートンの万有引力、ダーウィンの進化論…まさに「世界を変えた」科学的発見や技術的発明について、その原典となる貴重な初版本を見ることができる。金沢工業大が収集したこれらの書物を所蔵する「工学の曙文庫」から選りすぐりの稀覯《きこう》書を展示。人類の生み出した叡知《えいち》の数々を当時の書物を通して学んでみよう。

6 \\最後の浮世絵師、芳年//

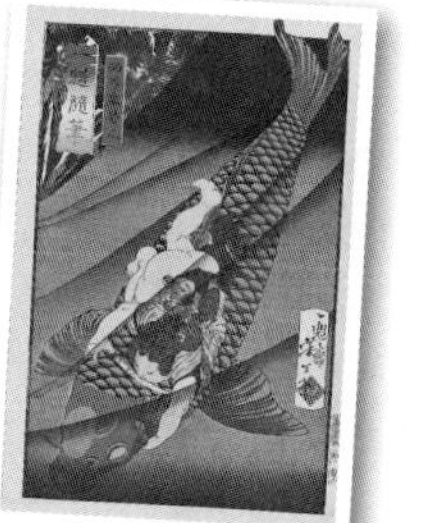

芳年
－激動の時代を生きた鬼才浮世絵師

8月5日（日）～9月24日（月振）
練馬区立美術館

幕末から明治にかけて活躍した浮世絵師・月岡芳年《つきおかよしとし》。「無惨絵《むざんえ》」（芝居などの残虐なシーンを描いた浮世絵）で有名な画家だが、じつはそれは芳年の画業のごく一部。武者絵や物語絵、美人画、戯画《ぎが》、歴史画、風俗画などにもすばらしい作品が多い。そんな激動の時代を生きた芳年の多彩な画業を、約260点の展示作品で振り返る待望の回顧展だ。

1 ©荒木飛呂彦&LUCKY LAND COMMUNICATIONS／集英社　**2** 十一面観音立像 鎌倉時代 大阪・四天王寺　**5** ニコラス・コペルニクス（1473-1543）「天球の回転について」ニュールンベルク, 1543年, 初版.
6《一魁随筆 西塔ノ鬼若丸》明治5-6年（1872-73）

Success15 Back Number

サクセス15 バックナンバー 好評発売中！

2018 8月号

じつはユニークな大学の博物館

身につけよう「正しい姿勢」

SCHOOL EXPRESS 豊島岡女子学園

FOCUS ON 東京都立八王子東

2018 7月号

高校の修学旅行で学べること

「新聞」の読み方講座

大学研究室探検隊 東京工業大 灘岡研究室

FOCUS ON 埼玉県立大宮

2018 6月号

平成の30年を振り返る

「IT」ってなんのこと？

SCHOOL EXPRESS 筑波大学附属

FOCUS ON 埼玉県立春日部

2018 5月号

英語長文読解のコツを伝授

日本と世界の民族衣装

SCHOOL EXPRESS お茶の水女子大学附属

FOCUS ON 東京都立立川

2018 4月号

大学附属校と進学校の違いを知ろう

東京名建築案内

SCHOOL EXPRESS 開成

FOCUS ON 千葉県立千葉

2018 3月号

4月までにやっておきたい教科別学習のポイント

「研究者」にズームイン

大学研究室探検隊 東京理科大 杉山研究室

FOCUS ON 東京都立日比谷

2018 2月号

勉強法から心がまえまで最後に差がつく入試直前期

地下鉄のいままでとこれから

大学研究室探検隊 東京工業大 山元研究室

FOCUS ON 埼玉県立浦和第一女子

2018 1月号

コツコツ身につける「書く力」の伸ばし方

入試本番までの体調管理法

SCHOOL EXPRESS 早稲田実業学校

FOCUS ON 東京都立青山

2017 12月号

知的好奇心をくすぐる高校の実験授業

「色」の世界をのぞいてみよう

大学研究室探検隊 東京大 廣瀬・谷川・鳴海研究室

FOCUS ON 千葉県立東葛飾

2017 11月号

魅力あふれる東京大学

モノのインターネット"IoT"

SCHOOL EXPRESS 早稲田大学本庄高等学院

FOCUS ON 埼玉県立浦和

2017 10月号

勉強と部活動両立のヒント

「考古学」ってこんなにおもしろい！

大学研究室探検隊 東京大 中須賀・船瀬研究室

FOCUS ON 神奈川県立横浜緑ケ丘

2017 9月号

思考力・判断力表現力の磨き方

映像技術はここまで進歩した！

SCHOOL EXPRESS 早稲田大学高等学院

FOCUS ON 東京都立国立

2017 8月号

目で見て肌で感じよう学校発イベントの歩き方

科学に親しむためのおすすめ書籍

大学研究室探検隊 早稲田大 菅野研究室

FOCUS ON 神奈川県立横浜翠嵐

2017 7月号

魅力イロイロ 違いもイロイロ首都圏の国立大学12校

世界を驚かせた近年の科学ニュース

大学研究室探検隊 東京大 宮本研究室

FOCUS ON 東京都立戸山

2017 6月号

個別の大学入試も変化している

和算にチャレンジ

大学研究室探検隊 慶應義塾大 大前研究室

FOCUS ON 東京都立西

2017 5月号

先輩に学び、合格をめざせ！高校受験サクセスストーリー

重要性が高まる英語検定

SCHOOL EXPRESS 神奈川県立湘南

FOCUS ON 埼玉県立川越

これより前のバックナンバーはホームページでご覧いただけます（http://success.waseda-ac.net/）

How to order
バックナンバーのお求めは

バックナンバーのご注文は電話・FAX・ホームページにてお受けしております。詳しくは88ページの「information」をご覧ください

さくいん

＜コーナー名＞

＜本文中記事＞

○ 目標・目的から逆算された学習計画

MYSTA・個別進学館は早稲田アカデミーの個別指導ブランドです。個別指導の良さは、一人ひとりに合わせた指導。自分のペースで苦手科目・苦手分野の学習ができます。しかし、目標には必ず期日が必要です。そこで、期日までに必要な学習内容を終えるための、逆算された学習計画が必要になります。早稲田アカデミーの個別指導では、入塾の際に長期目標／中期目標を保護者・お子様との面談を通じて設定し、その目標に向かって学習計画を立てることで、勉強への集中力を高めるようにしています。

○ 集団授業のノウハウを個別指導用にカスタマイズ

MYSTA・個別進学館の学習カリキュラムは、早稲田アカデミーの集団授業のカリキュラムを元に、個別指導用にカスタマイズしたカリキュラムです。目標達成までに何をどれだけ学習するかを明確にし、必要な学習量を示し、毎回の授業・宿題を通じて目標に向けて学習し続けるためのモチベーションを維持していきます。そのために早稲田アカデミー集団校舎が持っている『学習する空間作り』のノウハウを個別指導にも導入しています。

○ 難関校にも対応

MYSTA・個別進学館は進学個別指導塾です。早稲田アカデミー教務部と連携し、難関校と呼ばれる学校の受験をお考えのお子様の学習カリキュラムも作成します。また、早稲田アカデミーオリジナルの難関校向け教材も、カリキュラムによっては使用することができます。

Success15

9月号

表紙画像提供：神奈川県立川和高等学校

FROM EDITORS

夏休みもあと少しで終わりですね。有意義な毎日を過ごしていますか。

さて、今月号では、国立公園の魅力を紹介するページを組んでいます。みなさんが行ったことのある国立公園はありましたか。私は国立公園だとは知らずに訪れていたところがいくつかあり、もう少し調べてから行ったらさらに楽しめたのではないかなと思いました。また、各公園のホームページを見ていると、どこも魅力的で、「次はここに行きたい」と思わず考えてしまいました。みなさんも気になるところがあったら、ぜひ行ってみてくださいね。自然に触れることでリフレッシュできて、きっとすばらしい時間を過ごせると思います。（S）

NEXT ISSUE 10月号

SPECIAL 1

早稲田・慶應・上智大のキャンパスツアー

SPECIAL 2

世界のなんでもトップ3

SCHOOL EXPRESS

渋谷教育学園幕張高等学校

FOCUS ON

千葉県立船橋高等学校

※特集内容および掲載校は変更されることがあります

INFORMATION

『サクセス15』は全国の書店にてお買い求めいただけますが、万が一、書店店頭に見当たらない場合は、書店にてご注文いただくか、弊社販売部、もしくはホームページ（右記）よりご注文ください。送料弊社負担にてお送りします。定期購読をご希望いただく場合も、上記と同様の方法でご連絡ください。

OPINION, IMPRESSION & ETC

本誌をお読みになられてのご感想・ご意見・ご提言などがありましたら、ぜひ当編集室までお声をお寄せください。また、「こんな記事が読みたい」というご要望や、「こういうときはどうしたらいいの」といったご質問などもお待ちしております。今後の参考にさせていただきますので、よろしくお願いいたします。

サクセス編集室 お問い合わせ先

TEL：03-5939-7928　FAX：03-5939-6014

高校受験ガイドブック2018 9 サクセス15

発　行　2018年8月15日　初版第一刷発行
発行所　株式会社グローバル教育出版
〒101-0047 東京都千代田区内神田2-4-2
TEL　03-3253-5944
FAX　03-3253-5945
http://success.waseda-ac.net
e-mail　success15@g-ap.com
郵便振替口座番号　00130-3-779535
編　集　サクセス編集室
編集協力　株式会社 早稲田アカデミー

ISBN978-4-86512-151-3

C6037 ¥800E

定価：本体800円+税

グローバル教育出版